最強股市技術分析實戰

技術分析實戰

2020~2021 短短2年,賺進10倍以上的實例分析

第一章
決定輸贏一條線：趨勢線

第二章
預測學：波浪理論

第五章
重大消息的標記：缺口　　　　　086

第六章
未來走勢的發現者：相對強弱指標（RSI）　　　095

第七章
尋求飆馬股一哥：隨機指標（KD）　　100

第十章
角度線尋找黑馬股　　　　　　　　　　161

第十一章
測頭測底的神祕 X 線

第十二章
技術指標綜合運用實戰：
十六位高報酬操盤手的經驗分享

推薦序

投資理財的行情總在絕望中誕生，在半信半疑中茁壯，在憧憬中成熟，在充滿希望中破滅。

我在 2020 年 2 月中返國，當時中國大陸疫情嚴峻，特別在 2020 年 3 月 15 日（週日）舉辦投資講座《六和神功的波浪理論、型態、選股祕笈看台灣股市》，預測未來的 3 年行情為鼠蹬，牛奔，虎落陽。

首先介紹六合神功，它是我個人獨創的祕笈，運用台灣股市的最強技術分析。我在股市四十幾年以來，將所學的技巧歸納、演繹及融會貫通成一套投資股市的絕學，取名為六合神功。其內含有我的老師們，包括啟蒙老師（黃老前輩）及股市祖師爺和各門各派主力作手的操作手法、要領及觀念與思維。

我在 2021 年底得知我的學生利用所學的六合神功，在不到兩年的時間，於指數 8,523 點到 18,619 點的行情中賺了 1 萬倍。因此我興起了一個念頭，想當年我用 5 年的時間賺 1 萬倍，現在我的學生用不到兩年的時間就賺了 1 萬倍，真是青出於藍，更勝於藍。所以想統計自 2020 年以來我的學生、朋友及我認識的投資者，運用我教授的六合神功技術祕笈在台灣股市投資的成績。

經過兩個月的統計，其效果驚人，達到萬倍的有 1 人，千倍以上的有 2 人，百倍以上的有 4 人，十倍以上的有 15 位，五倍以上的有 37 人，從其中擷取比較有參考性的投資技巧及資金策略，收錄於此書。特請：趙元廷、趙洛毅、蔡淑麗、何育廣、陳昭倫等學生編著此書。

在沒錢的時候，把勤捨出去，錢就來了，這叫天道酬勤。
當有錢的時候，把錢捨出去，人就來了，這叫輕財聚人。
當有人的時候，把愛捨出去，事業就來了，這叫厚德載物。
當事業成功後，把智慧捨出去，喜悅就來了，這叫德行天下。
捨＝得

六合神功 創始者
趙柄驊

作者序

在觀察股票市場是一個複利高槓桿的集資市場，且在七〇年代時是台灣股市的黃金時代，因為台股剛從一段十幾年的大盤整甦醒，飆出一段「台灣錢淹腳目」的繁榮行情，我的啟蒙老師就是恭逢其時，創造出 8 萬到 50 億的萬倍財富！上本著作曾有論述如何掌握轉折、類股輪作，更令人驚嘆的是曾在「眾人皆醉，我獨醒」的當時，於民國 79 年 3 月 22 日的台灣日報刊出「指數萬一跌破，直看二千七」，當日指數收於 11,257.23 點，給當時全民皆瘋股的樂觀氣氛當頭棒喝，回顧台股 30 年，其堪稱為深諳波浪且極具遠見之人！而這套神奇的技術操作名為「六合神功」。出書公佈，只願紀念六〇年代時傳承技術的貴人黃老前輩，將其心法與技巧廣佈於市場，與有心人結緣。希望能解讀股票市場的共同語言，讓投資人有信心且快樂的投資，避免陷於恐懼與貪婪的心理煎熬。

台股於 2020 年初春，因全球疫情肆虐，引起美股熔斷機制，導致全世界金融市場雪崩，唯獨老師四處奔走疾呼「彎腰撿黃金」，提出「百年疫情～百年商機」呼籲進場重壓，其後市場會經歷快速 V 型反轉回復至多頭市場中類股輪動的多頭市場格局。老師的理論根據是依波浪理論的四波已結束，股市不會崩盤判斷。藉由自由市場的題材發酵，籌碼資金集中追逐，發揮類股 10 倍速的漲幅，如：生技、矽智財、鋼鐵、航運、元宇宙⋯⋯等，是台股經歷 30 年大盤整時代後爆發的大行情。但是反顧四周，股市老手安於 30 年來的箱型整理盤整操作，錯過此波追逐創造 10 倍獲利的大機會，而股市新手卻又因過度樂觀追逐快錢而沒有設定停損停利的關鍵點位，導致嚴重虧損，實屬不值。

在經歷台股自 8,523 點以來的萬點多頭行情，透過知悉熟稔「六合神功」的操作而獲利滿滿的投資者比比皆是，對此感到非常高興及欣慰。此書整理出來這幾年間操作飆股的成功案例，願與讀者共享股票市場操作之共同語言的不同階段：

1. 六合神功的關鍵點位
2. 如何尋找飆股
3. 資金配置（全買全賣）
4. 沒有賣點抱緊不出
5. 停利收回成本

　　讓金融操作成為一種自信自在的投資，於投資過程中經歷市場變數或天災人禍時，可以讓心理情緒不隨行情起伏，透過六合神功建立一套熟悉又有紀律的投資工具。

　　賺錢有三種方法：
1. 投注自己的勞力賺錢（用手），賺的是辛苦錢。
2. 投入別人的勞力替你賺錢（用腦），算是中等人。
3. 投資別人的智慧替你賺錢（用心），是真正能賺錢的上等人。
這便是投資理財的基本觀念。

　　投資理財不是科學，而是一門藝術。首先要先了解人性的貪婪與恐懼，學習操作股票是在克服人性後進入暴賺境界的養成過程，所以股票技術分析是自我人性的挑戰。要讓金融操作成為自然的習慣，並透過六合神功建立一套適合自己的操作模式。因市場是瞬息萬變的，但人性的貪婪與恐懼是永遠不會變的，最重要的是如何在起伏的市場中保持平穩且強大內心，以及如何掌握股市暴賺心法中的關鍵祕笈，而本書是一本操作投資心法的寶典。

　　暴賺心法中的關係祕笈：
（智慧 × 努力）^{N} ＝財富＋名位
N：財運（命運）
智慧：六合神功的各單元祕笈
努力：研究的時間

趙元廷

第一章

決定輸贏一條線：趨勢線

在技術分析的系統中，股價是依趨勢而變動的，任何一個初學者都能很快的透過檢查市場紀錄，來分辨所選的任何一段時間之股價趨勢。

面對一些圖形，僅僅是大略看一眼，就可以看出股價在一段相當的時間內，沿著一個特定的軌道，朝一定的方向移動。進一步的檢視，你將會發現這種方向或趨勢，通常是以明顯的形狀，曲曲折折地沿著想像中的直線進行。事實上，股價幾乎貼著直線的行為是圖形走勢中最為特殊的性質。

假使我們用一支尺放在股價走勢圖上，會發現在上升趨勢時，連結上升波紋底部會形成一條上傾的直線。

在下跌趨勢時，連結下降波紋頂部會形成一條下傾的直線。

1 趨勢線的畫法

要學會運用趨勢線，就要先學習如何畫出一條正確的趨勢線，畫法如下：

沿著任一種股票圖形正常波動的走勢中每一波動的高點或低點連線

→上升趨勢線是連接各波動的低點

→下降趨勢線是連接各波動的高點

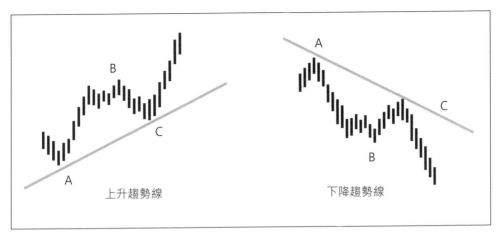

圖 1-1　趨勢線
資料來源：作者整理

2 趨勢線的基本原理

❶ 趨勢線的有效性：

(1) 趨勢線被觸及的次數

上升行情的波段數越多，上升趨勢線所連結的底部越多，則表示這條上升趨勢線越有效，權威性相對提高。同理，下降趨勢線也是如此。

(2) 趨勢線的長度及持續時間

上升趨勢線或下降趨勢線沒有被跌破或被穿越的時間越久，有效性越高。因此，週線圖和月線圖比日線圖更為可靠。

(3) 趨勢線的角度

上升（下降）趨勢線角度越陡，很容易會被股價強力反彈或回檔所穿越，它的有效性就差。經長時間的驗證，上升（下降）趨勢線的角度適當，大約 30 度到 45 度，那麼被股價穿越的可能性相對降低，有效性則提高。

❷趨勢線的反轉（突破或跌破）

(1)反轉的前兆

　　成交量型態的改變將是趨勢反轉的前兆。舉例來說，一個上升趨勢很正常地進行，伴隨的現象是上升時出現高成交量，下跌時出現低成交量，接著突然發生成交量在上升時萎縮，而在下跌時增加，它可能是在進行反轉的訊號。

(2)拉回

　　反轉後，它們將會有返回原先軌道的傾向。這種對原先趨勢的奇妙吸引力或者稱為拉回的效果，對趨勢線來說，是非常普遍的現象。一般來說，股價跌破中級（見下方說明）趨勢線後，會有暫時反彈的現象，投資者稱之為「逃命線」。

(3)成交量

　　成交量在真正上升開始、突破某種型態時必須大增；但是下跌時的跌破成交量則不一定。通常股價跌破趨勢線的第一天，成交量並不顯著增加，然而在下跌過程中必會出現大成交量，隨後開始萎縮。

(4)變形

　　直線趨勢線一個很有趣的變形是弧形趨勢線，一個上升或下降的動量很突然的迅速上升或下降，遠超出形成的直線趨勢線，而形成了一條弧形的趨勢線。

　　如果弧形是發生在一段潛伏的趨勢之後，它通常會產生恐慌行為，將行情帶到一個新的高峰（或低潮），然後，就結束了。恐慌行為是買方和賣方瘋狂的表現，股價變動幅度驚人，成交量出奇的高。需注意的是，一直到回跌的階段開始後，才能指出恐慌行為的頂點，這種噴出或著稱為垂直上升的階段能將行情帶到相當高度。

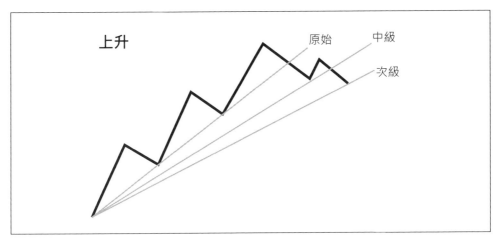

圖 1-2　上升直線趨勢線

資料來源：作者整理

❸ 趨勢線的種類與操作

趨勢線的型態有三種：

(1)上升型態

A.上升直線趨勢線

從最低點（第一個波谷）開始，注意四個波谷位置，相鄰兩波谷，連成三條趨勢線，此三條趨勢線分別謂之原始、中級及次級上升趨勢線。其中第三波谷必須在原始上升趨勢線上方，第四波谷必須在中級上升趨勢線上方。

當 K 線跌破原始上升趨勢線時即宣告多頭行情可能結束，同時 K 線將向下測試中級上升趨勢線之支撐力道，若守住中級上升趨勢線，則 K 線將在中級上升趨勢線及原始上升趨勢線之間遊走。

當 K 線跌破中級上升趨勢線時，K 線將向下測試次級上升趨勢之支撐力道；若守住次級上升趨勢線，則 K 線將在次級上升趨勢線及中級上升趨勢線之間遊走。

當 K 線跌破次級上升趨勢線時即宣告多頭行情結束，投資者應減少手中持股，或者融券放空。

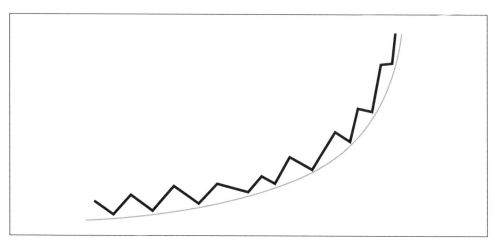

圖 1-3　上升弧線趨勢線

資料來源：作者整理

B. 上升弧線趨勢線

　　從起漲點（起漲後的第一個波谷）開始，注意三個波谷位置，利用量角器帶入這三個波谷，畫出一條拋物線，此拋物線謂之上升（弧線）趨勢線。

C. 上升扇形趨勢線

　　從最低點（第一個波谷）開始，第一個波谷與第二個波谷連線謂之（上升）扇形第一條線，待 K 線跌破（上升）扇形第一條線以後再形成第三波谷；第一波谷與第三波谷連線，謂之（上升）扇形第二條線，待 K 線跌破（上升）扇形第二條線以後再形成第四波谷；第一波谷與第四個波谷連線，謂之（上升）扇形第三條線，待 K 線跌破（上升）扇形第三條以後將出現空頭行情。

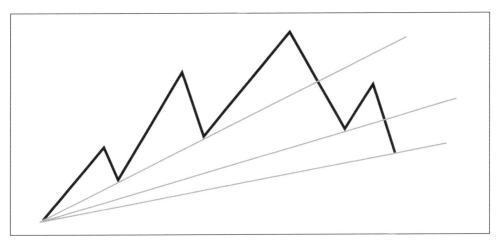

圖 1-4　上升扇形趨勢線
資料來源：作者整理

(2)下降型態

A.下降直線趨勢線

　　從最高點（第一個波峰）開始，注意四個波峰位置，相鄰兩波峰連成三條趨勢線，此三條趨勢線分別謂之原始、中級及次級下降趨勢線。其中第三波峰必須在原始下降趨勢線下方，第四波峰必須在中級下降趨勢線下方。

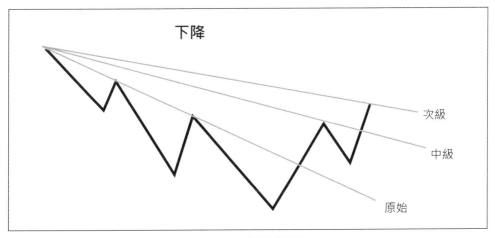

圖 1-5　下降直線趨勢線
資料來源：作者整理

當 K 線突破原始下降趨勢線時，即宣告空頭行情可能結束，同時 K 線將向上測試中級下降趨勢線之壓力力道，若至中級下降趨勢線時遇到壓力，則 K 線將在中級下降趨勢線及原始下降趨勢線間遊走。

當 K 線突破中級下降趨勢線時，K 線將向上測試次級下降趨勢線之壓力力道；若守住次級下降趨勢線，則 K 線將在次級下降趨勢線及中級下降趨勢線之間遊走。

當 K 線突破次級下降趨勢線時，即宣告空頭行情結束，投資者應建立基本持股。

B. 下降弧線趨勢線

從起跌點（起跌後的第一個波峰）開始，注意三個波峰位置，利用量角器帶入這三個波峰，畫出一條拋物線，此拋物線謂之下降（弧線）趨勢線。

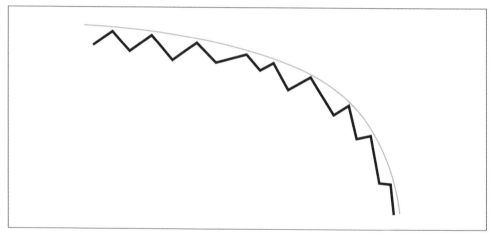

圖 1-6　下降弧線趨勢線
資料來源：作者整理

18

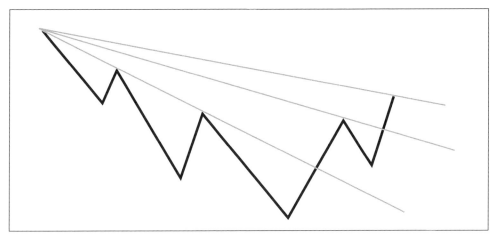

圖 1–7　下降扇形趨勢線
資料來源：作者整理

C. 下降扇形趨勢線

　　從最高點（第一個波峰）開始，第一個波峰與第二個波峰連線謂之（下降）扇形第一條線，待 K 線突破（下降）扇形第一條線以後，再形成第三波峰；第一波峰與第三波峰連線謂之（下降）扇形第二條線，待 K 線突破（下降）扇形第二條線以後，再形成第四波峰；第一個波峰與第四個波峰連線謂之（下降）扇形第三條線，待 K 線突破（下降）扇形第三條以後，將出現多頭行情。

❸ 軌道型態

(1) 當漲勢確立時，首先畫出原始上升趨勢線，而後在第一波的波峰畫出一條與原始上升趨勢線平行的直線，如此即形成一個上升的平行軌道。

(2) 當跌勢確立時，首先畫出原始下降趨勢線，而後在第一波的波谷畫出一條與原始下降趨勢線平行的直線，如此即形成一個下降的平行軌道。

3 趨勢線之綜合重點

1. 上升軌道跌破形成下降軌道，下跌軌道突破形成上升軌道，形成股票不斷上上下下、很有秩序的整理方向。

2. 軌道越寬，表示股價上漲或下跌起伏越大，做多、做空宜把握。軌道區間大於 25% 為大，小於 25% 為小。

3. 軌道越窄，表示股價上漲或下跌起伏越小，股價的漲跌變化時間拉長。

4. 軌道上升或下降的角度也關係股價上升或下降的強弱，在同樣的時間區段比較兩個或多個以上的趨勢線（大盤或其他個股），角度越陡，上漲或下跌力量越大；角度緩和，股價漲跌也較弱勢。

5. 軌道線行進間最重要的是，跌破上升支撐或突破下降壓力所觀察出的買賣點，但上漲或下跌失敗的高點或低點（該漲至哪裡卻未到達，該跌至哪裡卻不下跌）是趨勢線扭轉的最佳關鍵，宜留意轉折變化。

4 趨勢線的應用

　　長期趨勢一旦形成就不容易被改變，價的趨勢線最大的玄機在「改道」，第一次改道是休息、第二次改道是多空均衡、第三次改道是多空易位，訊號清楚、使用簡單。

1. 進出股票是買賣其「價」，不是指標，所有指標都是應「價」形成的，幹嘛捨近求遠。

2. 股勢強弱從「價」上看最直接了當。

3. 「價的趨勢線」雖不能預測精確的跌漲幅，但多空趨勢轉折明確，只要上了「多空趨勢列車」就不會半路被洗掉。

5 股票趨勢發展的通則——道氏理論

操作股票最重要的就是判斷趨勢，而相關的技術中，道氏理論著眼於股市長期走勢的理論架構，假設支撐與壓力即決定了股價的轉折。

道氏理論是預測股票市場主要趨勢之方法中最古老且最廣為人知的一種，由於已有許多優良的書籍曾對此一理論內容做過詳細的探討，在此不再詳細說明。但是因為道氏理論的基本原則已被其他技術分析所運用，故本章將對此理論作一簡要說明。

道氏理論的目標在於預測股票市場原始或長期移動的變化，一旦趨勢建立，便假設它將持續直到反轉訊號出現。這個理論關切趨勢的方向，但對趨勢的持續期間與大小，則沒有預測價值。

當然，我們必須了解這理論並非能永遠掌握一切，投資者偶爾會對它感到懷疑，該理論無法保證絕對無誤，有時仍會發生小損失，以上幾點主要是強調儘管機械化的方法有助於預測股市，我們仍須作一些輔助性分析，以便得到最合理、平穩的判斷。

道氏理論為查理士‧道爾（Charles H. Dow）所創；道氏於 1900 至 1902 年間在華爾街日報發表一系列評論。道爾先生以股票市場狀況作為景氣情況的晴雨表，但並未以它作為預測股票價格的工具，後來其門生漢彌爾敦（William Peter Hamilton）才將道氏理論的原則進一步發展，成為今日人們所熟知的理論。這些原則原本是相當鬆散的發表在 1921 年道爾所著的《股市晴雨表》（The Stock Market Barometer）一書中，直到 1932 年瑞爾（Robert Rhea）出版《道氏理論》（The Dow Theory）一書，才將該理論以較完整、正式的形式公諸於世。

該理論假定多數股票大多隨著市場趨勢變動，為了衡量市場，道爾編了兩種指數：道瓊工業股價平均數，由 12 種（現在為 30 種）績優股組成；其次為道瓊鐵路股價平均數，由 12 種鐵路股票構成。當初道瓊鐵路股價平均數是代表運輸股股票，後來由於航空業及其他型態運輸業發達，故將舊有的鐵路平均數加以調整，並改名為道瓊運輸股價平均數。

道氏理論的基本論點

道氏理論研究的是整個市場的價格走向趨勢，所以趨勢分析是技術分析中最重要的方法，亦為其他分析方法的基石。從觀察過去的歷史資料中可發現，價格走勢確實存在著某種重複發生的情況，這些事實主要是因為人類行為本身便具重複性所致。就整個價格趨勢而言，觀察過去的歷史資料，可將整個趨勢的循環分為三種最重要的走勢，分別為原始趨勢、次級趨勢及短期趨勢。這三個波動分別包含了三種不同的時間架構，並且循環不已。論述如下：

（1）原始趨勢：最重要的就是原始趨勢，或稱長期趨勢，亦即所謂的多頭（上升）或空頭（下跌）市場。此類波動持續期間有時少於一年，有時長達數年之久。

主要的空頭市場為長期下跌趨勢，期間或許有些重要的上升情況。空頭市場開始時，首先是敏感的投資人將股票拋售；第二階段為商業活動水準及公司利潤下跌；最後到了不論股票真正價值如何皆被拋售時，因為充滿了各種悲觀的消息，即強迫性賣壓，如追加保證金（俗稱斷頭）等所造成的賣壓，空頭市場便進入恐慌時期，這代表空頭市場的第三階段。

主要的多頭市場為明顯的上升波動，平均持續約兩年，期間或許有些次級反應。多頭市場開始時，股價平均數已將最壞的消息折現後，市場開始重申對未來的信心；多頭市場的第二階段是：股票開始反應大幅改善的景氣狀況，而當股票價格因投資人過度樂觀的預期心理而節節上升，形成過度自信的市場，並瀰漫著投機氣氛時，第三階段便已展開。

（2）次級趨勢：次級反應或稱終極反應，其定義為在多頭市場中的重要下跌或在空頭市場中的重要上升階段。通常持續 3 個星期至數月之久，該期間內拉回的幅度一般約占表期波動的 1/3 至 2/3（從上一波次級反應結束開始算起）。

次級趨勢回檔的幅度偶爾會相當於上一波長期波動，但一般而言，其幅度介於 1/2 及 1/3 間，通常在 50％左右。

（3）短期趨勢：此種波動延續期間短則數小時，長則 3 星期左右，其重要性在於形成原始趨勢或次級趨勢。短期趨勢的主要成因是由於交易行為所造成的波動，甚至有人認為短期趨勢的波動方向是隨機的，因此，對長期投資者而言，不具預測價值。尤其短期趨勢與次級或原始趨勢不同，它容易受到某種程度的操縱。

6 趨勢線的操作範例

・3006 晶豪科

依照日線觀察晶豪科，於 109/10/12 跳空突破下降趨勢線（深紅色圈處）。買入股價 39 元，然後依此下降趨勢線為支撐觀察此股，隨股價上漲調整趨勢線線圖，等趨勢線越陡，表示漲勢越強。如跌破強勢的趨勢線，賣出持股 163.5 元（淺紅色圈處），獲利約 4 倍。

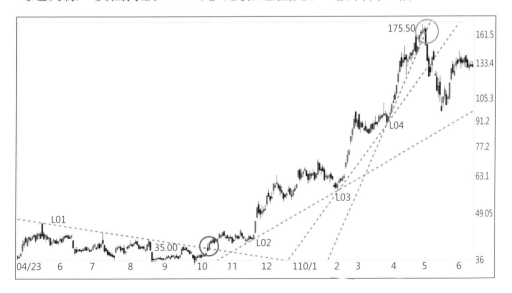

註：本書深紅色圈代表買點，淺紅色圈代表賣點。
　　本書個股Ｋ線圖資料來源為精誠資訊，並由作者繪製注釋。

・3515 華擎

依週線的圖畫出下降趨勢線，以 107/03/23 那週的高點連接
108/11/22 那週的高點，形成一條下降趨勢線，於 109/03 月加權指數因
COVID–19 疫情產生暴跌，但此股卻守住 78.6 元，109/01/13 週線起漲
的低點且未跌破趨勢線。而依大盤指數跌到平行軌道線那天，領先大
盤進場買進，之後 109/03/24 產生突破缺口跳空站上季線，隨即加碼買
進，依據六合神功頸線理論預測高點，其 107/10/26 那週的低點到頸線
位置為其漲幅，然後再以其頸線位置乘以漲幅，得到這波高點價位約
在 200 元，之後一直持有至 200 元獲利了結出場。獲利約為 2.5 倍。

・5608 四維航

　　首先以四維航的日線圖來說明，我們是以突破下降趨勢線的方式來找能買進的股票。我們以中長線的波段操作，在 110/03/15 當日紅棒出量突破下降趨勢線的時候進場買進，價格落在 12.5 元附近。

爾後時間點來到了 5 月中，我們可以將 110/03/15 當週與 110/05/17 當週的低點連結成一條趨勢線，在 110/07/26 股價跌破趨勢線的時候必須先賣出，將投資股票的成本收回，等待至往後 110/09/06，若股價回彈沒有突破前高又反轉的時後，全數出脫，平均價格約為 55 元，獲利約 4.4 倍。

・6415 矽力－KY

109/03/17～03/23 因跳空產生五天群島，其中 3/20 這天產生的為突破缺口， 但股價仍未站上 10 日線，故仍先耐心等待買進訊號。直到 109/03/24 跳空收紅建立持股，109/05/14 產生中途缺口之後，依照缺口理論推算漲幅滿足點，以 109/05/15 出現中途缺口後的當天最低價 1,400 元，扣除 110/03/19 出現突破缺口前一天的最高點 947 元，故 1,400 元－745 元＝655 元。然後再以出現中途缺口前一天的高點 1,380 元，加上前一個缺口的漲幅，655 元＋1,380 元＝2,035 元，依照缺口理論，2,035 元上下賣出持股，故於 110/10/06 出清持股，如下圖。

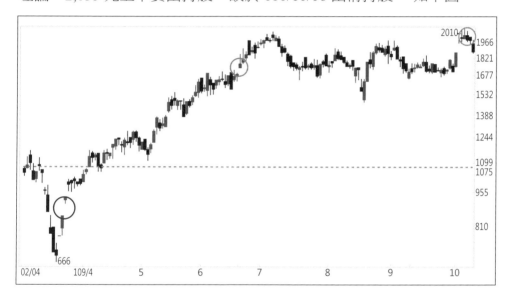

·6589 台康生技

　　以台康生技的日線圖來說明，此股票是運用突破趨勢線的方法來操作獲利，在 110/02/05 股價突破下降趨勢線的時候我們買進持股，價格約落在 47 元附近。

　　凡是高角度上漲的股票通常會看到盤頭的線型，也因為這樣，我們可以畫出三條上升趨勢線。第一條趨勢線要先找出股價休息或下跌後，又往上續漲後所出現的那個頓點。當股價跌破第一條的時候，將會往第二條去找支撐，若是再跌破，隨後便會去找第三條，在110/06/22 股價跌破第三條趨勢線，即確定多頭行情正式結束，因此全數出清，價格約在 160 元附近，最終獲利約為 3.4 倍。

·8454 富邦媒

　　用富邦媒的日線為參考，由 109/07/08 波段高點連結 109/09/03 高點畫出下降趨勢線，然後觀察 K 線突破趨勢線後買進，買進點為 685 元。突破後，以此下降趨勢線為支撐觀察。之後當突破下降趨勢線後，繼續觀察線圖，以 109/12/15 最低點連結 110/05/12 最低點畫出上升趨勢線為第二條的支撐線，然後再由 110/05/12 最低點及 110/07/27 畫出更陡的第二條上升趨勢線，當 K 線跌破第二條上升趨勢線後賣出，賣出點 1,781 元，獲利約為 2.5 倍。

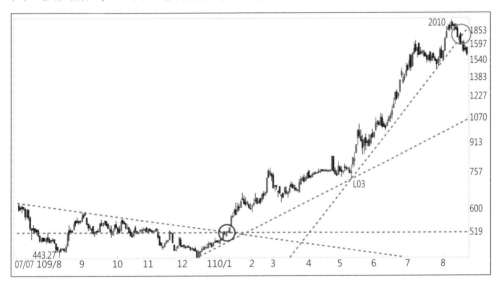

第二章

預測學：波浪理論

　　「艾略特波浪理論」的相關書籍雖然不占少數，但目前真正懂得波浪理論精髓的人卻極為少數。艾略特（Ralph Nelson Elliott）於 1948 年逝世，他的理論教育文件於 20 年前就已絕版，因此，本書針對有志研究金融市場標的週期性變化理論的人士，在此做出深入解析。

1 何謂波浪理論？

　　艾略特發現在每一個較長週期的波浪中，可以細分為小波浪，小波浪再分割成更小的波浪。各種波浪的等級雖然不同，但是都顯示有特殊的行為模式。這種變化的模式，如果未在定期重複出現時，表示波浪的方向已經改變。

　　波段有兩種：驅動波（motive wave）與修正波（corrective wave）。

　　驅動波是五波的結構，而修正波的結構是三波，或是由三波所衍生的變種。圖 2–1 當中，朝同一個方向移動的 1、3、5 波就是驅動波，因為它們推動整個市場的走勢，所以稱為「驅動波」。所有逆方向發展的都是修正波，例如圖 2–1 的 2、4 波。因為它們顯然是對前一個驅動波在做「修正」，但拉回的幅度都不大，不至於抵銷掉驅動波的進展。因此，這兩種波所扮演的角色以及它們的結構波段種類都是迥然不同的，本章將會詳細加以解釋。

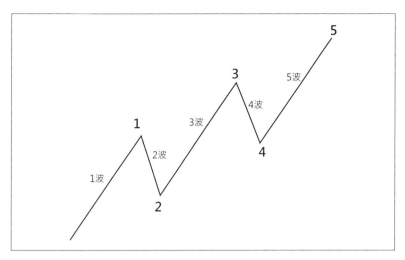

圖 2–1 艾略特基本波浪型態
資料來源：作者整理

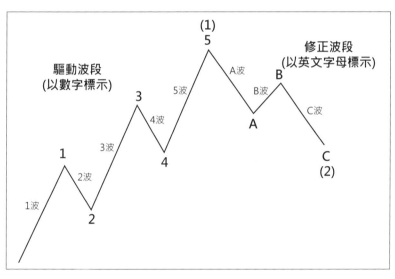

圖 2–2 艾略特波浪完整循環
資料來源：作者整理

　　一個完整的循環包含 8 個波段，分成兩個不同的階段：五波的驅動波階段（這裡以「五波」來稱之，次級波以數字表示，三波的修正波階段以「三波」稱之，次級波以英文字母表示）。就像圖 2–1 當中的 2 波修正了 1 波一樣，圖 2–2 當中 A、B、C 三個連續波段也修正了 1、2、3、4、5 這五個連續波段。

波浪理論用在越多人參與的商品，其準確性越高，如外匯、股票指數、黃金、石油、大宗物質……等，因人類群體的活動是適合自然規律的，而艾略特的波浪理論就是標榜其精髓來自自然規律。如果讀者欲進階從事基金的操盤，或當大企業的避險操作專家，那麼你非熟悉精通波浪理論不可。波浪理論在國內風行是近幾年來的事，但是以波浪理論分析台灣股市卻是精確無比。用波浪理論來分析大勢並預測未來，那麼你必須要把過去的每一波段交代得很清楚，不然預測就會失真。這正是為什麼國內有許多波浪專家會失算的原因。

艾略特的波浪理論與其他分析技巧一樣，是經驗累積的結果，其最大功能是可由過去的圖形走勢對未來作概括性的前瞻與預測。另外，又可藉由費波蘭希級數或用中國古老的易經五行八字統計的數據，指出每一段時間的轉向趨勢。

我研究波浪理論四十幾年，套入台灣加權指數、天運、國運及個股走勢準確無比，所以我用台灣的加權指數對波浪理論的認識來加以說明：

1. 台灣股市加權指數從民國 56 年元月以 100 點為基準開始。

2. 波浪理論分析必須以月線為經，週線、日線為緯。

3. 日、週、月指數皆採用半對數圖，台灣股市暴漲暴跌，故一律採用半對數圖，不然分析多易失真。

4. 波浪理論的層級標示（由最大至最小層級依序）：衝擊波：壹、I、一、1、（一）、（1）；修正波：A、B、C 及 a、b、c。

註：波浪分析（民國 56 年至 109 年台股波浪形勢，見最後一頁）

- 第壹大浪：由 92.40 點（民國 56 年）=> 514 點（民國 71 年 12 月）

- 第貳大浪：由 514（民國 56 年 12 月）=> 421（民國 71 年 6 月），由複式曲折波組成之調整浪。

  A 浪：514（民國 56 年 12 月）～188（民國 63 年 12 月）

B 浪：188（民國 63 年 12 月）～688（民國 67 年 10 月）

C 浪：688（民國 67 年 10 月）～421（民國 71 年 8 月）

- 第參大浪：由 421（民國 71 年 8 月）=> 12,682（民國 79 年 2 月），由波濤洶湧的大衝擊浪內分五浪：

I.　421（民國 71 年 6 月）～969（民國 73 年 5 月）其中又細分五浪

II.　969（民國 73 年 5 月）～636（民國 74 年 7 月）調整浪

III. 636（民國 74 年 7 月）～4,673（民國 76 年 10 月）其中又細分五浪

IV. 4,796（民國 76 年 10 月）～2,241（民國 76 年 12 月）調整浪

V.　2,241（民國 76 年 12 月）～12,682（民國 76 年 2 月）此波走上升楔型

因上升楔型盡頭處由月線圖較難看清楚，若以週線圖顯示較為清楚。

一、2,241（民國 76 年 12 月）～8,813（民國 77 年 9 月）

二、8,813（民國 77 年 9 月）～4,645（民國 78 年 1 月）

三、4,645（民國 78 年 1 月）～10,200（民國 78 年 6 月）

四、10,200～7,888（第四波整理分為 a、b、c 波，10,200（民國 78 年 6 月）～7,699（民國 78 年 7 月）為 a 小浪；7,699（民國 78 年 7 月）～10843（民國 78 年 9 月）為 b 小浪；10,843（民國 78 年 9 月）～7,888（民國 78 年 12 月）為 c 小浪

五、7,888（民國 78 年 12 月）～12,682（民國 79 年 2 月）

- 第肆大浪：由 12,682（民國 79 年 2 月）=> 3,955（民國 97 年 11 月）

A 波調整：12,682（民國 79 年 2 月）=> 2,485（民國 79 年 10 月）屬於價格修正調整波

B 波調整：2,485（民國 79 年 10 月）=> 10,256 屬於時間修正波

　　　　一、2,485（民國 79 年 10 月）～6,365（民國 80 年 5 月）

　　　　二、6,365（民國 80 年 5 月）～3,098（民國 82 年 1 月）

　　　　三、3,098（民國 82 年 1 月）～7,228（民國 83 年 10 月）

　　　　四、7,228（民國 83 年 10 月）～4,474（民國 84 年 8 月）

　　　　五、4,474（民國 84 年 8 月）～10,256（民國 86 年 8 月）

C 波調整：10,256（民國 86 年 8 月）=> 3,955 屬於價格與時間同時修正調整波

　　　　a. 10,256（民國 86 年 8 月）～3,411（民國 90 年 9 月）

　　　　　（a）10,256（民國 86 年 8 月）～5,422（民國 88 年 2 月）

　　　　　（b）5,422（民國 88 年 2 月）～10,393（民國 89 年 2 月）

　　　　　（c）10,393（民國 89 年 2 月）～3,411（民國 90 年 9 月）

　　　　b. 3,411（民國 90 年 9 月）～9,859（民國 96 年 10 月）

　　　　c. 9,859（民國 96 年 10 月）～3,955（民國 97 年 11 月）

　　　　　（a）9,859（民國 96 年 10 月）～7,384（民國 97 年 1 月）

　　　　　（b）7,384（民國 97 年 1 月）～9,309（民國 97 年 5 月）

　　　　　（c）9,309（民國 97 年 5 月）～3,955（民國 97 年 11 月）

‧ 第伍大浪：由 3,955（民國 97 年 11 月）起漲

　I.　3,955（民國 97 年 11 月）=> 8,395（民國 99 年 1 月）

　II.　8,395（民國 99 年 1 月）=> 8,523（民國 109 年 1 月）

　　三重三波：

　　（a）8,395（民國 99 年 1 月）=> 7,032（民國 99 年 5 月）

　　（b）7,032（民國 99 年 5 月）=> 9,220（民國 100 年 2 月）

（c）9,220（民國 100 年 2 月）=> 6,609（民國 100 年 12 月）

（X1）6,609（民國 100 年 12 月）=> 9,593（民國 103 年 6 月）

（a）9,593（民國 103 年 6 月）=> 8,501（民國 103 年 10 月）

（b）8,501（民國 103 年 10 月）=> 10,014（民國 104 年 4 月）

（c）10,014（民國 104 年 4 月）=> 7,203（民國 104 年 8 月）

（X2）7,203（民國 104 年 8 月）=> 11,270（民國 107 年 1 月）

（a）11,270（民國 107 年 1 月）=> 9,319（民國 108 1 月）

（b）9,319（民國 108 年 1 月）=> 12,197（民國 109 年 1 月）

（c）12,197（民國 109 年 1 月）=> 8,523（民國 109 年 3 ）

III. 8,523（民國 109 年 3 月）=> 18,619（民國 111 年 2 月）

一、8,523（民國 109 年 3 月）=> 13,031（民國 109 年 7 月）

二、13,031（民國 109 年 7 月）=> 121,49（民國 109 年 9 月）

　　A. 13,031（民國 109 年 7 月）=> 12,144（民國 109 年 8 月）

　　B. 12,144（民國 109 年 8 月）=> 13,021（民國 109 年 9 月）

　　C. 13,021（民國 109 年 9 月）=>12,149（民國 109 年 9 月）

三、12,149（民國 109 年 9 月）=> 17,709（民國 110 年 4 月）

四、17,709（民國 110 年 4 月）=> 16,162（民國 110 年 10 月）

　　a 波：17,709（民國 110 年 4 月）=> 15,159（民國 110 年 5 月）

　　b 波：15,159（民國 110 年 5 月）=> 18,034（民國 110 年 7 月）

　　c 波：18,034（民國 110 年 7 月）=> 16,162（民國 110 年 10 月）

五、16,162（民國 110 年 10 月）=> 18,619（民國 111 年 1 月 5 日）

IV. 18,619（民國 111 年 1 月）=> 13,500 上下 500 點

A 波：18,619 => 15,500 上下 250 點（民國 111 年 5 月）

B 波：反彈 A 波下跌幅度的二分之一或 0.618 到 X 點。

C 波：從 X 點再下跌到同 A 波等跌幅或形態學從 18,619 到 A 波兩倍的跌幅。C 波的低點為 Y 點。

V. 爾後台股尚有最後的第五波的上漲，大約是 Y 點的兩倍為 Z 點。當 Z 點出現後的行情會在下一本新書再作教學說明。

民國 109 年 3 月台灣的加權指數從 8,523 點上漲大格局末升段中的第三中浪，大盤指數在民國 111 年 1 月 5 日完成第三中浪第五波，高點在 18,619.61 點，然後經過一段中期修正第 IV 中波，作者認為台灣股市依波浪理論末升段 V 的完成點，終極目標會超越美國道瓊指數。

2 波浪理論的鐵律

❶ 型態趨勢

參考第一章趨勢線及第四章型態學之內容。

❷ 空間比例

參考第二章波浪理論中的黃金切割率。

❸ 時間循環

運用第二章波浪理論中的費波蘭希級數計算。

以下是我自己歸納出來波浪理論中不可違背的定律，雖然在言詞上與原著作稍有差異，卻不失其真實性：

1. 驅動波段必定由五個波所組成，即 1、2、3、4、5 波。

2. 修正波段是由三個波所組成，即 A、B、C 波段。

3. 驅動波段裡，第三波（主升段）絕對不能是最短的一個波段，而它通常是最長的一個波，甚至有時為複雜波。

4. 第四波修正的結束點必定不會接觸到第一波的結束點。在多頭走勢中，第四波回檔的最低點絕對不會接觸到第一波的最高；在空頭走勢中，第四波反彈的最高絕對不會高於第一波的最低點。換言之，同一週期中的第一波和第四波絕對不可能有任何重疊的部分（反趨勢波的第四波不能與趨勢波的第一波重疊）。

5. 反趨勢波即為第二波與第四波，其兩波有交替法則（簡單波與複雜波互換），都有其中一波為簡單波，則另一波便為複雜波。其也可能稱為修正波段（下跌），永遠是 A、B、C 波三浪，絕對不會有 1、2、3、4、5 浪的波型。

　　以上這五個波段絕對不可違背的定律，是學習波浪理論的投資人必須熟記的，此為波浪理論的鐵律，因此我以此用來分辨波浪理論潮浪波紋等級之波段，或預測走勢時最重要的工具之一。

3 波浪的劃分與級數

❶ 波浪的基本型態五升三跌的兩個週期

　　艾略特指出股市的發展是依據一組特殊且不斷重複的規律發展而出的，這組規律便是「五個上升浪和三個下跌浪」，作為一次循環地交替推進著。三個下跌浪可以理解為對五個上升浪的調整。

❷ 大浪中形成小浪，浪中有浪，波中有波

　　在一升一跌的基本浪之間，劃分為八個較次一級的小浪，而在這些小浪基礎上，又可劃分成更次一級的小浪。

　　所有波段都可以依據所在的層級及相對大小來歸類。決定一個波段的層級，則是要看它的大小以及它相對於組成波（component）、相鄰波（adjacent）和包含波（encompassing）的所在位置。艾略特列舉了九種層級的波浪，小至細分走勢圖裡的最小波浪，大至他假設當時所

蒐集得到的資料中最大的波浪。他把這些層級的波浪由大至小分別命名為：超大循環波（Grand Supercycle）、大循環波（Supercycle）、循環波（Cycle）、基本波（Primary）、中型波（Intermediate）、小型波（Minor）、細波（Minute）、微波（Minuette）、次微波（Subminuette）。循環波可細分為基本波，而基本波可細分為中型波，中型波又可以再依次細分為小型波、細波、微波、次微波。這些特定的術語並不是很重要，不過，現在採行波浪理論的人都已經很習慣使用艾略特所用的這些術語。

在走勢圖上標記出波浪層級時，為了要區別市場進展各層級的波段，一些規劃是必要的。我已經採用了一套標準的標示方法，用一些數字與字母來作為標記的工具，如圖 2–1，這套方法有好幾項前所未有的優點。這套標記是往上下兩端無限地延伸，並且一再重複，便於記憶。所以只要看一眼走勢圖，就可以看出它的規模。

4 波段的功能

每個波段不是在形成主要走勢，就是在做拉回。說得更明確一點，一個波段若不是在推動波浪往主要走勢發展，便是在中斷主要走勢的發展。而要判斷一個波段到底是扮演哪一種角色，就得看它的相對方向（relative direction）來決定。與較大層級波浪同向行進的波段，就是趨勢波（actionary wave 或稱 trend wave）；與較大層級波浪反向行進的波段，就是反趨勢波（reactionary wave 或稱 countertrend wave）。趨勢波是用奇數以及單數的字母來標示，（例如圖 2–2 的 1、3、5 與 A、C 波段）反趨勢波則是用偶數以及雙數的字母來標示（例如圖 2–2 的 2、4 與 B 波段）。

大部分的趨勢波都可以細分為五波，但是，有一些趨勢波是在扮演「修正」的角色，他們可以細分為三波或是其變種。要了解趨勢波與推動波的差異，就得先對型態（Pattern）的結構做進一步的認識。

5 波浪理論的基本特性

　　將「波浪理論」與「道氏理論」比較，可以發現艾略特受到查理士·道的影響非常之大。道氏認為在一個上升的多頭市場中，可分為三個上漲的階段。艾略特則將之與自然界的潮汐循環，綜合出「波浪理論」。

　　然而艾略特本人並未將這些波浪的特性加以詳細說明，將不同波浪的個別特性加以詳細解說的，始自羅伯·派瑞特（Robert Prechter）的《艾略特波浪理論》一書（於 1978 年與 Alfred John Frost 合著出版）。每一個波浪的特性說明如下（見圖 2–3）：

第一浪

　　幾乎半數以上的第一浪屬於打底（Basizng）的型態，其後的第二浪調整幅度通常很大。由於如此段行情的上升，出現在空頭市場跌勢後的反彈，缺乏買進的力道，包括空頭賣出壓力強大，經常使之回檔頗深。

第二浪

　　這一浪下跌的調整幅度相當大，幾乎吃掉第一浪的升幅。當行情跌至接近底部（第一浪起漲點時），開始發生惜售心理，成交量逐漸縮小時，才結束第二浪的調整。

第三浪

　　第三浪的漲勢可以確認是最大、最有爆發力。這段行情持續的時間與行情幅度，經常是最長、最大的。此時市場內投資者信心恢復，成交量大幅上升。尤其在突破第一浪的高點時，視為道氏理論所謂的買進訊號。這段行情的走勢非常激烈，甚至產生跳空，出現狂飆的局面。由於漲勢過於激烈，第三浪經常出現「延長波浪」（Extendedwave）的情況。

第四浪

第四浪通常以較複雜型態出現，也經常出現傾斜三角形的走勢。此浪最低點常高於第一浪的高點。

第五浪

第五浪經常是最長的波浪，且常常出現「延長波浪」。1989 年台灣進行第五大浪漲勢，可明顯看出中小型股如：勤益、新紡、士紙、大西洋、農林等個股，漲勢驚人。

Fischer 並非唯一觀察股價波動型態之股市專家，前面談到的艾略特（Elliott）波浪理論，證實艾略特先生曾經將股市循環歸納為五個波浪型態及三個修正波浪。西元 1943 年，艾略特先生在其著作《自然定率》（Nature's Law）一書中，曾經列示股價波動的「完整循環週期」。他發現上漲或下跌的幅度可以用費波蘭希級數中隱藏的黃金比率來進行預測。

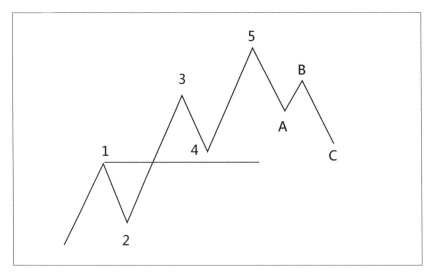

圖 2-3　浪與浪的關係
資料來源：作者整理

費波蘭希級數見表 2-1，有以下的特色：

- 相隔一行：相隔一行數字的相除，如 $3 \div 5 = 0.6$；$5 \div 8 = 0.625$；$8 \div 13 = 0.6153$；餘則類推。最終所得到的結果約為 0.618。

- 相隔兩行：相隔二行的數字相除，如 $3 \div 8 = 0.375$；$5 \div 13 = 0.385$；$8 \div 21 = 0.381$；餘則類推。最終所得到的結果約為 0.382。

- 相隔三行：相隔三行數字相除，如 $3 \div 13 = 0.237$；$5 \div 21 = 0.238$；$8 \div 34 = 0.2352$；餘則類推，最終所得到的結果約為 0.236。

- 相隔四行 ： 相隔四行數字相除，如 $3 \div 21 = 0.1428$；$5 \div 34 = 0.1470$；$8 \div 55 = 0.1454$；餘則類推，最終所得到的結果約為 0.146

用 1 減去相隔一行相除的數值，剛好得到相隔二行相除數值。

用 1 減去相隔三行相除的數值，得到 0.764

用 1 減去相隔四行相除的數值，得到 0.854

表 2–1　費波蘭希級數表－黃金分割率

	1	2	3	5	8	13	21	34	55	89	144	233
1	1	2	3	5	8	13	21	34	55	89	144	233
2	0.5		1.5	2.5	4	6.5	10.5	17	27.5	44.5	72	116.5
3	0.333	0.667	1	1.667	2.667	4.33	7	11.33	18.33	29.67	48	72
5	0.2	0.4	0.6	1	1.6	2.6	4.2	6.8	11	17.8	28.8	46.6
8	0.125	0.25	0.375	0.625	1	1.625	2.625	4.25	6.875	11.25	18	29.25
13	0.077	0.154	0.231	0.385	.0615	1	1.615	2.615	4.23	6.846	11.077	17.923
21	0.0476	0.0952	0.1429	0.238	0.381	0.619	1	1.619	2.619	4.238	6.857	11.095
34	0.0294	0.0588	0.0882	0.147	0.235	0.3824	0.6176	1	1.618	2.618	4.235	6.853
55	0.01818	0.03636	0.0545	0.0909	0.1455	0.236	0.3818	0.618	1	1.618	2.618	4.236
89	0.011236	0.2247	0.0337	0.05618	0.08989	0.146	0.236	0.382	0.616	1	1.618	2.618
144	0.006944	0.013889	0.0208	0.0347	0.5556	0.0903	0.1458	0.236	0.382	0.618	1	1.618
233	0.004292	0.008584	0.012876	0.021459	0.034335	0.055794	0.090129	0.145923	0.236052	0.381974	0.618026	1

資料來源：作者整理

如此將這一連串的數值，排列起來則是 0.146、0.236、0.382、0.5、0.618、0.764、0.854，此為黃金分割率。依我們的經驗法則，有另外一組黃金分割率 0.191、0.382、0.5、0.618、0.809。

上述所推算出之黃金比率均在 0～1 之內，至於大於 1 之黃金倍數該如何推演，可以利用反除的方式來取得。以相隔一行推算出的黃金比率 0.618，將該值反除，得

一次方：$1 \div 0.618 = 1.6180$；

二次方：$1.6180 \times 1.6180 = 2.6181$；

三次方：$1.6180 \times 1.6180 \times 1.6180 = 4.2362$；

四次方：$2.6181 \times 2.6181 = 6.8544$。

如此將這一連串的數值排列起來，則是 1.618；2.618；4.236；6.854，此為黃金倍數。

股市轉折的時間及上漲或下跌的幅度，往往與費波蘭希級數產生的黃金比率相同。

例如，時間預測天數（Time-Goal Days）：西元 1984 年，Fischer 提出 GSC 技術分析法，認為新的股價方向將發生或在短期內發生，其天數可以使用下列公式計算出來：

由股價低點預測發生向上轉折天數：

$$T_k = 1.618 \times (L_i - L_{i-1}) + L_i$$

用簡易的方式解釋，由波段低點 L_i 跟 L_{i-1} 之間的天數，再乘以 1.618 黃金比率得到新的天數 T_k，然後再以 L_i 為基準往後推 T_k 的天數，就是預測轉折會發生的時間點。

由股價高點預測發生向下轉折天數：

$$T_{k+1} = 1.618 \times (H_i - H_{i-1}) + H_i$$

用簡易的方式解釋，由波段高點 H_i 跟 H_{i-1} 之間的天數，再乘以 1.618 黃金比率得到新的天數 T_k，然後再以 H_i 為基準往後推 T_{k+1} 的天

數,就是預測轉折會發生的時間點。

以圖 2-4 為例,如果你要預測 T2,就用 H2 與 H1 的時間差,乘以 1.618。

此處,L_i 及 H_i 分別代表一段期間中,以某一天為基準,低價是在第幾天發生及高價是在第幾天發生。L_i 代表低價發生之時間點,而 H_i 代表高價發生之時間點。在上升行情中,L_i 通常發生在 H_i 之前。

為了便於計算,高價或低價之極限點(極端點)只能使用兩點(即只能選用兩個高價點或兩個低價點於公式計算中),一次是第一個高(低)點,另一次則為第二個高(低)點。圖 2-4 說明其計算順序,轉折時間天數預測 T5,是在轉折時間天數預測 T7 之後,使用低價點 L3 及 L4 於公式計算中。當一段短暫時間之中發生多於一個轉折時間天數預測,或者高價點或低價點形成之轉折時間天數預測頻率,頗具意義(重要性增強),主要之反轉(major reversal)可能性也會提高(增加)。

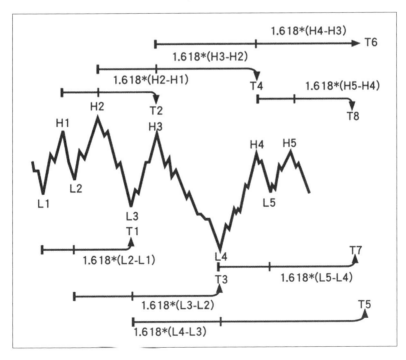

圖 2-4 使用黃金分割率來預測股市的轉折

資料來源:作者整理

❶ 價格預測（Price Goals）

　　最基本的黃金分割率觀念完全建立在費波蘭希級數中。簡單的說，股價波動可能在黃金切割率的 0.382、0.5 與 0.618 產生有很強的支撐或阻力。除此之外，股價波動在 0.191（0.382 的一半）、0.809（0.618 ＋ 0.191）也可能產生支撐或阻力。

　　在上升行情展開時，股價波動可能會在上漲幅度達到 0.191、0.382、0.5、0.618、0.809、1 時產生很強的抵抗力量（阻力），當股價上漲超過 1 倍時，股價波動會在 1.191、1.382、1.168、1.5、1.809、2 時產生抵抗力量（阻力）。二倍或三倍以上時，以此類推。相同的，下跌行情展開時，股價波動也可能在下跌幅度達到 0.191、0.382、0.5、0.618、0.809 時產生很強的支持力量（支撐）。

　　前述粗淺的黃金分割率觀念，應用於股價加權指數之大勢研判上，頗具參考價值。

　　黃金分割率並非只能運用在股價加權指數之大勢研判上，它也可以適用於個別股目標價格之預測上。西元 1984 年， Fischer 先生將費波蘭希理論加以改良，且使用類似之高價點及低價點來確定價格目標（見圖 2–5）。低價點（LOW）是指第一個波浪之低價點，以及第三個波浪、第五個波浪之價格目標可以根據第一個波浪而予求出，它的基本公式如下所示：

第三波目標價格 = 0.618（第一波最高點 － 第一波最低點）＋ 第一波最高點

第五波目標價格 = 1.618（第一波最高點 － 第一波最低點）＋ 第一波最高點

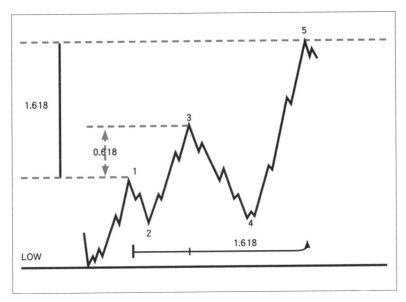

圖 2-5　黃金分割率的價格預測
資料來源：作者整理

　　很明顯的，這種價格預測的計算方法仍然沒有脫離前述黃金分割率的基本觀念。股價波動可能在上漲幅度（或下跌幅度）達到 0.191、0.382、0.5、0.618、0.809 時遭受抵抗（或支撐）。對於個別股而言，前述公式沒有計算第二波浪及第四波浪拉回之價格幅度，況且個別股之中級或次級行情中第五個波浪有時並不顯著，因此此一價格預期公式並沒有太高之準確率。一般來說，如果個別股第三個波浪並沒有符合黃金分割率之自然率，則第五個波浪就可以參考黃金分割率之理論。

　　某些技術分析專家認為，黃金分割率之價格預測較適用於個別股（或股價指數）的長期大勢研判上，西元 1984 年 'Trucker J. Emmett 先生在其著作《Technical Analysis of stock & Commodities》中，曾建議投資人將價格預期運用於股價波動的長期（以月為單位再乘以費波蘭數）大勢研判上。例如長期使用之股價低價點作為目標預測的公式：1.618 原始股價波動。Emmott 先生強調，當價格預測與時間預測在同一個時點發生時，投資人可以深信它是非常值得信賴的信號。

❷ 時間波的預測

波浪理論有 9 個不同的層級，其運行的時間有一定的自然規律。例如：完成 1 波的時間（3 個月）與完成較高 1 層級的一波時間（21 個月）比例關係為 6.86；完成一波的時間（21 個月）與完成較高 1 層級的 I 波時間（144 個月）其比例關係為 6.86；完成 I 波的時間（144 個月）與完成較高 1 層級的壹波時間（987 個月）其比例關係為 6.86。

❸ 高低價的誤差區

黃金分割率的創始人 Fischer 先生認為，GSC 技術分析法的應用必須考量黃金切割率的誤差因素（例如 0.191、0.382、0.5、0.618、0.809；1、1.191、1.382、1.5、1.618、1.809；2、2.191、2.382、2.5、2.618、2.809、3 等等，依此類推）來辨明重要的高低價。投資人依舊要保持自己的機動性，需要根據市場趨勢或意外事件的變化等因素來調整誤差。

6 波浪理論的操作範例

・2454 聯發科

以聯發科的週線來說明，運用波浪理論的技術可以發現到從 107/10/29 這一週～108/12/16 這週為止為第一波浪，108/12/16～109/03/16 則為第二波浪，在 3 月底時我們在加權指數上運用平行軌道線的原理來預測支撐，確認支撐後在 109/04 時開始進去操作，買進價格約在 350 元附近，此時波浪也是正要開始走大三大波的行情，因此大量買進並一路持有。

在 109/07/27 這週與 109/08/17 這週分別出現了第三波浪與第四波浪的轉折點，由於第一波浪高點 464 點與第二波浪的低點 273 點差了 191 點，因此可以預期第三波浪與第四波浪也會出現 200 點左右的跌幅，一般短線的投資者可以選擇在這個時候就停利出場，但如果是長線的投資者可以選擇等到第五波的到來。

109/08/17 這週～110/04/26 這週為第五波浪，第一波浪的漲幅是從
199.5～464 點有 264.5 點的幅度，因此可以計算第五波浪最小目標價
為第四波浪的低點 551 ＋ 264.5 ＝ 815.5 元，此股也在第五波浪發生了
擴延波，最後我們在 110/05/10 當週全數出清，價格約 900 元，大約獲
利 2.5 倍。

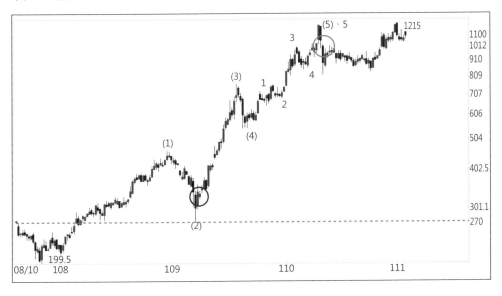

・3661 世芯－KY

　　以世芯－KY 的週線圖來說明，運用波浪理論的技術可以發現到從 107/10/29 這一週～109/01/13 這週為止為第一波浪，109/01/13～109/03/16 則為第二波浪，在 3 月底時，我們在加權指數上運用平行軌道線的原理來預測支撐，確認支撐後在 109/03 月底時開始進去操作，買進價格約在 200 元附近，此時波浪也是正要開始走大三大波的行情，因此可使用高槓桿的方式大量買進，並且一路持有。

　　第一波浪的漲幅從 61.6～266 點共有 204.4 點的差距，由前面介紹可以得知第三波浪絕對不會是最短的浪，因此可以大約抓 1.5～2.5 倍，甚至更多的漲幅來計算。若以 2 倍來計算的話，從第二波浪的終點 148.5 ＋ 204.4×2 ＝ 557.3 元為預測第三波浪的中間目標價，最後我們在 109/08/20 當週，也就是第四波浪的起始點附近賣出股票，價格約 620 元左右，獲利約 3.1 倍。

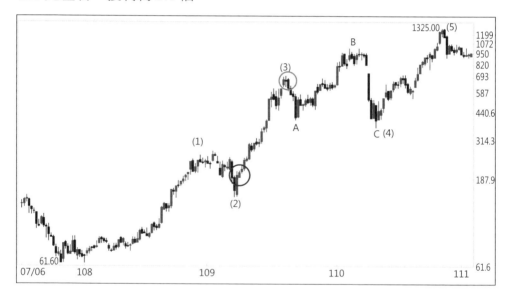

· 3713 新晶投控

　　109/04/01 開始為第一波的起漲點，然後放入觀察名單，等到 109/05/21 主升段起漲點開始，買入價位為 14 元附近；然後此主升段走複雜波，第一波到 109/06/02，然後 ABC 拉回後再開始走次主升段的第一波 109/06/10；再來 109/06/18 拉回做 abc 波，然後再做次主升段的主升段 109/06/30 到 109/07/03，當日做一個一日反轉結束第四波；然後 109/07/08 為次末升段的第五波末升段的結束，之後開始做主升段的末升段 109/07/15 到 109/07/23；再來拉回做 ABC 波修正，於 109/08/20 做末升段的起漲，在 109/09/01 末升段結束，賣出持股價格 75.5。祕笈：由初升段來推測末升段的最高點，獲利約為 5 倍。

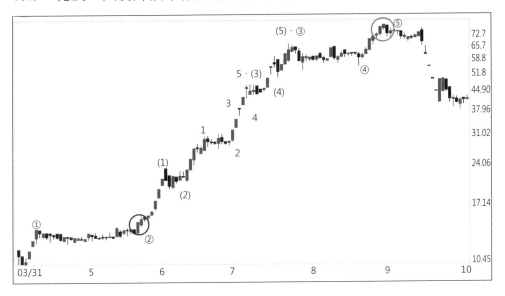

・6531 愛普

　　以愛普的週線圖來解說，聯發科、世芯－KY 與愛普算是我們同時期一起操作的股票，所以操作的方式都差不多，運用波浪理論的技術可以發現到從底部起漲～109/02/24 這週為止為第一波浪，109/02/24～109/03/23 則為第二波浪，在 3 月底時我們在加權指數上運用平行軌道線的原理來預測支撐，確認支撐後在 109/03 月底時開始進去操作，買進價格約在 85 元附近，此時波浪也是正要開始走大三大波的行情，因此同樣可使用高槓桿的方式大量買進，並一路持有。

　　愛普這支股票同樣也只有作第三波浪主升段的部分，因此在 109/07/14 當週開始要走第四波浪的時候賣出持股，如果是長線投資人則可以續抱等待第五波浪的到來，最後賣出價格約在 430 元附近，獲利約 5 倍。

‧ 6781 AES－KY

　　上市後，上漲一段之後做 ABC 波拉回，計算回測低點位置，從第一波最高點 767 元，跌到 A 波最低點 604 元，將兩數相減得 163 元，然後取 B 波高點 689 元再減掉 163 元得到 C 波的低點 526 元附近出現。從第二波的起漲點開始加碼。買入點 526 元附近。

　　用波浪理論推算第五波的高點，推估為 1,965 點到 2,000 點之間。獲利約為 3.5 倍

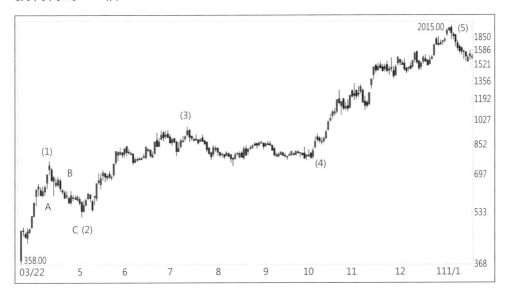

第三章

決定波段走勢：移動平均線

移動平均線（簡稱：均線）的觀念，是各種技術分析工具中最早且容易明白運用的分析方法，建議每一位投資者都要懂得如何繪製計算及運用。

它的理論基礎是在某一段時間內，將對投資者買賣成本的平均值觀察運用在預測股市的慣性作用是否受到破壞，而出現相反的趨勢。

1 移動平均線的特性

股價技術分析者利用移動平均線來分析股價動向，主要是因為移動平均線具有幾項特性：

❶ 趨勢的特性

移動平均線能夠表示出股價趨勢的方向，所以具有趨勢的性質。

❷ 穩重的特性

移動平均線不像 K 線會起起落落震盪，而是起落相當平穩，向上的移動平均線通常是緩緩的向上，向下的移動平均線也會是緩緩朝下。

❸ 安定的特性

通常愈長期的移動平均線，愈能表現安定的特性，即移動平均線不會輕易往上往下，必須等到股價漲勢真正明朗，移動平均線才會往上延伸；而且經常股價開始回落之初，移動平均線卻是往上的，等到股價跌勢顯著時，才見移動平均線走下坡，這是移動平均線最大的特

色。愈短期的移動平均線，安定性愈差；愈長期的移動平均線，安定性愈強。但也因此使得移動平均線有延遲反應的特性。

❹ 助漲的特性

　　股價從移動平均線下方向上突破，移動平均線也開始向上方移動，可以看作是多頭支撐線，股價回跌至移動平均線附近，自然會產生支撐力量。短期移動平均線向上移動速度較快，中長期移動平均線向上移動速度較慢，但都表示一定期間內平均成本增加，此時買方力量仍強於賣方。當股價回跌至平均線附近，有比較強的支撐，便是買進時機，這是移動平均線的助漲功效。直到股價上升緩慢或回跌，移動平均線開始減速移動，股價再回至平均線附近，此時平均線失去助漲效能，將有重返平均線下方的趨勢，最好不要買進。

❺ 助跌的特性

　　反過來說，股價從移動平均線上方向下跌破，移動平均線也開始向右下方移動，成為空頭阻力線，股價回升至平均線附近，自然產生阻力。因此，在移動平均線往下走時，股價回升至移動平均線附近便是賣出時機，移動平均線此時有助跌作用。直到股價下跌緩慢或回升，移動平均線開始減速移動，股價若再與移動平均線接近，此時移動平均線便失去助跌意義，將有重返移動平均線上方的趨向，不需急於賣出。

▌2▏ 股價與移動平均線的關係

　　由於移動平均線可以分為短期（10 日）、中短期（21 日）、中期（65 日）、中長期（130 日）、長期（260 日）移動平均線五大類，因此交易者可以利用快、慢不同速度的移動平均線來決定買進與賣出的時機。當現時價位站穩在長短期移動平均線時，即為買進時機；而同時跌破長短期移動平均線時，即為賣出時機。此種趨勢預測方式，其基本著眼點即為利用移動平均線延遲反應的性質，藉著兩根以上的線來比較，以求得股價的趨勢。

通常股價與移動平均線的區別，是日線反應最快，長期移動平均線反應慢，介乎兩者之間的是短期移動平均線及中期移動平均線。所以，如果日線在短期移動平均線之上，只能表示短期看好而已；如果日線在短期移動平均線之下，短期移動平均線在中期移動平均線之上，則只能表示中期看好；如果日線最上，短期移動平均線其次，接著為中期移動平均線，最底下為長期移動平均線，才能表示長期看好。相反的，日線在短期移動平均線下面，表示短期看淡；日線在短期移動平均線上面，短期移動平均線在中期移動平均線下面，表示中期看淡；日線在短期移動平均線以下，短期移動平均線在中期移動平均線以下，中期移動平均線在長期移動平均線以下，則表示長期看淡。

上述只是移動平均線分析的基本原則，至於買入股票或賣出股票時機，則必須從兩根線的交叉或突破，以及兩根線的距離，來做分析比較。

3　移動平均線的應用原則

葛蘭碧移動平均線八法則

美國投資專家葛蘭威爾（Joseph E. Granville）所提出的移動平均線八法則，短線用無影線（10 日移動平均線），中短線用趨勢線（21 日移動平均線），中線用生命線（65 日移動平均線），長線用年線（260 日移動平均線）。

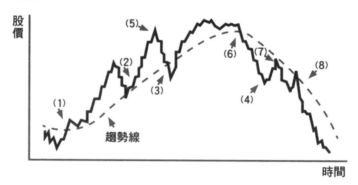

圖 3–1　葛蘭碧移動平均線八法則
資料來源：作者整理

1. 均線從下降逐漸轉為水平，且有往上升的跡象，而股價從均線的下方突破均線時，便是買進時機。

2. 股價趨勢在均線之上，股價下跌而未跌破均線，再度上升，亦為買進時機。

3. 股價跌至移動平均線下方，此時均線短期仍為繼續上升趨勢，是買進時機。

4. 股價突然暴跌，距離均線非常遠，極有可能再趨向均線，亦為買進時機。

5. 股價在上升中，且在均線之上，但離均線愈來愈遠，則隨時會產生獲利回吐的賣壓，亦為賣出時機。

6. 均線波動從上升趨勢逐漸轉為水平，或股價向下跌破均線時，賣壓漸重，為賣出時機。

7. 股價在均線之下，上升時未突破平均線，且又反轉向下，則須賣出持有股票。

8. 股價在均線附近徘徊，而且均線繼續下跌，則仍為賣出時機。

葛蘭碧法則中 4 與 5 雖是可使用的原則，但是沒有明示投資人股價距均線究竟多遠才可買進或賣出，這是一大缺陷，幸好可用乖離率來補充研判上的不足。

13 週（季線）與 26 週（半年線）移動平均線的應用

週 K 移動平均線的主要用途，在於辨認股價趨勢是否維持不變或已有反轉跡象，因為週移動平均線的設計目的即是為顯示股價的長期趨勢指標。理論上 13 週及 26 週移動平均線的基本運用原則大約有下列幾項：

1. 與前述葛蘭碧八大法則的買賣時機大致相同。

2. 只要 K 線乃停留在 13 及 26 週均線之上，仍可確認為一多頭市場。

3. 當週股價上漲，向上突破 26 週移動均線，而 26 週移動均線成反轉向上時，表示空頭市場結束，多頭市場已經開始。

4. 多頭市場中，當週股價上升幅度高於 26 週移動均線，其 13 週乖離率達 10 以上時，可能產生中期回檔，因兩者乖離程度愈大，其反壓愈重。

5. 只要週 K 線低於 13 週及 26 週均線之下，仍應認為是空頭市場。

6. 當週股價下跌，向下跌破 26 週移動均線，而 26 週均線已呈反轉向下時，表示空頭市場開始。

7. 空頭市場中，當週股價下跌幅度低於 26 週移動均線，而其 13 週乖離率達 10 以上時，可能產生中期反彈，因兩者乖離程度愈大，其反壓則愈重的結果。

上述七個原則用於大勢與個別股的技術分析時，有同樣的效用。

4 利用移動平均線的操作

在牛皮股市（箱型整理）中效果（利潤）會打折扣。例如：利用 10 MA（10 日移動平線）來操作的缺點在出入次數太多，利潤並不及運用 50 MA（50 日移動平均線）的多，所以我為了避免短期均線遇到無謂的操作，在均線上下繪製與均線相平行的過濾線。當股價或指數穿越均線時，不立刻採取行動，待正式穿越過濾線時再做買賣的抉擇。（過濾線是平均線加減 0.8%，如壓力線在 100 元，則 $100 \times 1.008 = 100.8$）

移動平均線時間的長短大約可分為五種，使均線產生六大祕笈及單一均線操作兩大訣竅。

❶六大祕笈

（1）交叉

可分為黃金交叉、死亡交叉與一般交叉。

A. 黃金交叉：短天期的均線突破長天期的均線，並且兩條均線同時往上，形成多頭排列的型態；當均線出現黃金交叉時，為買進訊號。

B. 死亡交叉：短天期的均線跌破長天期的均線，並且兩條均線同時往下，形成空頭排列的型態；當均線出現死亡交叉時，為賣出訊號。

上述所說的黃金交叉及死亡交叉，與葛蘭碧八大法則的買點 1 與賣點 5 並不相同，黃金交叉與死亡交叉指的是兩條移動平均線的交叉，而葛蘭碧八大法則的交叉點為 K 線與一條均線的交叉，兩者的意義並不相同，不要將兩種情況搞混。

C. 一般交叉：即一條均線往上，另一條均線往下。當短天期均線不管往上穿越或往下跌破其他較長均線之後，並無力進一步改變其他中長均線的方向，則表示當時只是短線的局部反彈或回檔格局，並未影響原先的中長軌道。這樣的交叉還不能稱之為標準的黃金交叉或死亡交叉，我們稱為一般交叉。

（2）排列

可分為多頭排列與空頭排列。

A. 多頭排列：越短天期的均線在越上面，越長天期的均線在越下面。

B. 空頭排列：越長天期的均線在越上面，越短天期的均線在越下面。

兩均線不管是黃金交叉或死亡交叉，之後都會有排列的現象。排列通常也只粗分兩種：多頭排列與空頭排列。黃金交叉之後，2 日均線或 3 日均線或 4 日均線，甚至是 5 日均線、6 日均線（如 3 日、6 日、12 日、24 日、72 日、144 日）齊步上捲，則可稱之標準的多頭排列。這是多頭股價走勢最盛的現象，量價未嚴重失控之前，如爆量大跌，大量為超過 10 日平均量的 5 倍，之後出現的任何拉回都是買點。

但以上這種說法只不過是解釋表面的現象而已，並沒有表現出排列的真正涵意，其多頭排列真正代表的涵意是「買得越久，就賺得越多」。既然買得越久，賺得越多，那麼短、中、長期的買盤必然紛紛介入，若買盤來自於中長期的投資者，則不會輕易出脫手中持股，只有短線投資者為了短線獲利，不斷搶進與搶出。由於賣壓只有短線的獲利者，而中長期投資者抱牢手中持股，使得股價穩固，行情自然漲多跌少了。空頭排列的狀況正好相反，讀者可舉一反三。

（3）開口

　　兩條均線以上產生交叉，就一定會產生開口，開口大小顯示短、中、長期均線的成本差距，這成本差距會產生趨勢中的反彈及回檔的空間。基本上，以中長期的趨勢為主方向，在開口下的反彈或回檔是一種修正過程，有利於短期操作。可分為向上開口與向下開口。

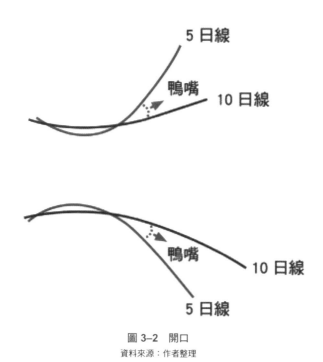

圖 3-2　開口
資料來源：作者整理

A.向上開口：當短天期均線在上、長天期均線在下時，即會產生向上開口。當開口越大時，表示兩條均線乖離程度越大，而向下回檔的力道就越強。

B.向下開口：當短天期均線在下、長天期均線在上時，即會產生向下開口。當開口越大時，表示兩條均線乖離程度越大，而向上反彈的力道就越強。

（4）斜率

可分為兩種；斜率越陡代表力道愈強，當斜率越大時，角度也就越陡。

A.高角度上漲的股票就是高獲利的股票，代表多空趨勢。高角度上漲的股票需盤頭完成後才會改變原來方向。一般而言，斜率越陡，則持續時間越短；斜率較平滑（角度適中），則持續的時間較久。

B.高角度下跌的股票就是放空的最佳標的，因為高角度下跌的股票需等盤底完成後，才會改變原來的方向。

（5）背離

一條均線往上，另一條均線卻反方向往下時，即為背離。通常會出現在反彈及回檔的趨勢中。若兩條均線出現背離時，應逢低買進、逢高賣出。

（6）扣抵

為了維持固定期間的移動平均，一定要有「扣抵」的動作，比如說：「6 天均線」為維持 6 天的動態平均，則每一天的新增數值出現後，必須把 6 天前的舊數值扣除，這叫「扣抵」。扣抵過程由於可先知所要扣的數值高低，以及新數值大概的高低，因此不難推測這條均線的趨勢方向。扣抵的意義除了維持天數的完整，也能預知未來可能的趨勢方向。

❷ 單一均線操作兩大訣竅

（1）轉折

當均線反轉時，即會產生轉折。均線向下轉折時，多方應有所防備，若有跌破支撐，即應出清手中持股；相反的，均線向上轉折時，空方應有所防備，若有突破壓力，即應回補手中空單，以免招受損失。

（2）割弦原理

兩點所連成的線段，割弦原理的製作是以一條小直線將均線分割成許多小部分。

A.使用 21 日平均線。

B.選定的「割弦」期間是每五日為一個單位。

利潤值（P）＝今日的 21 日均線（a）／ 5 天前的 21 日均線（b）
若 a ＞ b，結果 P ＞ 1；若 a ＜ b，結果 P ＜ 1。將各個割弦的結果值 P 連起來，便形成「弦坡」一樣，即可清楚了解「弦坡」的上升或下降情況。其買賣訊號的運用如下：

a.買進訊號：「弦坡」由＜ 1 轉為＞ 1。割弦祕笈的買進訊號是出現在割弦斜率轉為正時；也就是每當割弦的斜率轉為正時，為買進訊號。

b.賣出訊號：「弦坡」由＞ 1 轉為＜ 1。割弦祕笈的賣出訊號是出現在割弦斜率轉為負時；也就是每當割弦的斜率轉為負時，為賣出訊號。

若運用不同時間長短的均線做出割弦的利潤值，可得知背離的買賣訊號。

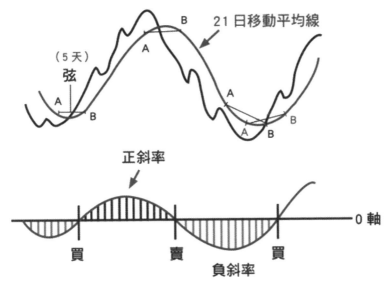

（5 天）
弦

B
A
21 日移動平均線

A

B
A
A
B
B

正斜率

0 軸

買   賣   買

負斜率

圖 3–3　割弦祕笈
資料來源：作者整理

　　六合神功割弦祕笈是職業操盤手必備的專業技巧，它是世界上頂尖操盤手要獲得最大利潤的祕笈。操盤手想在短時間內獲得最大利潤，必須手中的持股都是漲幅排名在前幾名，只要它的漲幅有收斂現象出現時，立即換股操作，始終保持手中持股皆為超強勢股。

　　割弦用 21 日均線（月線）及每週期 5 日為一段，由割弦理論的可應用在預測市場的反轉與一波行情能走多久。

5 移動平均線的操作範例

・2009 第一銅

分兩階段布局。

以第一銅的日線觀察，運用平均線理論，等待時機至 109/11/17 時，中長期均線呈現多頭排列，短中期均線糾結帶量突破，以平均成交價 10 元買入，之後觀察開口是否持續擴大。

在 110/02/01 時，K 線回測生命線（65 日均線），如有跌破且生命線下彎就要賣出。但當天碰到生命線後反彈，所以轉融資加碼買入。買入點 20 元附近。

於 110/07/13 時發現 K 棒跌破生命線後，隔日無法再站回生命線以上，觀察持股，等生命線於 110/08/04 下彎後，於 59 元附近賣出持股。

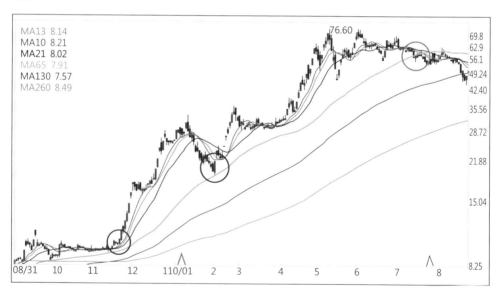

・2609 陽明

從陽明的日線圖觀察，於 109/10/23 時顯示短中長期均線多頭排列，長紅棒帶量突破。買入價格 10.6 元。買進後符合高角度上漲的飆股，第一波段拉回生命線（65 日線）未破，續抱。第二波拉回有跌破上升中的趨勢線（21 日線），因趨勢線未轉弱，續抱。第三波跌破無影線（10 日線），如果無影線往下彎後，K 線反彈後無法站上無影線賣出。於 110/07/19 時出現賣出訊號，賣出持股價位 190 元。獲利約為18 倍。

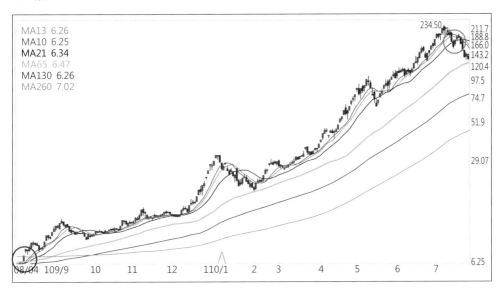

・3373 熱映

依熱映的日線觀察，在經過一年以上的下跌盤整格局，於 109/01/20 當天一根長紅 K 棒突破了這段時間的均線糾結，買入在 17 元附近。

於 109/07/17 時，發現 K 線已經跌破生命線後，但之後幾日無法再站回生命線以上，需要觀察，於 109/08/06 時，發現生命線向下轉折，先出脫部分持股，然後之後每日分批出脫，直到手中持股出清為止，賣出均價為 120 元附近。

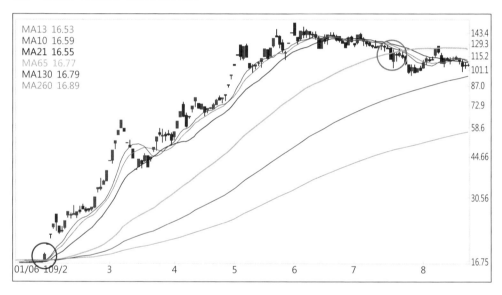

・3707 漢磊

從漢磊的日線觀察，運用平均線理論，等待均線糾結，中長期均線呈現多頭排列，短中期均線糾結帶量突破，在 109/11/20 一根長紅棒突破時買進，以平均成交價 29 元買入，之後觀察開口是否持續擴大。

在 110/05/11 時，K 線跌破生命線，如有跌破且生命線下彎就要賣出。但當天跌破生命線後，生命線保持趨勢向上，所以先放入每日觀察名單，如生命線下彎，則要快速賣出持股。

於 111/01/05 時，發現 K 線又好幾度跌破生命線後，但之後幾日無法再站回生命線以上，觀察於 111/01/11 時，發現生命線向下轉折，因之前多次跌破生命線，這次要全數出清持股，賣出價格在 120 元附近。獲利約 4 倍。

第四章

趨勢轉折預測高低點：型態學

　　詳細觀察股價長期上升的過程，不斷的創新高價的過程中仍然會產生回檔的情況。相反的，股價長期下跌的過程，不斷的創新低價的過程中仍然會產生反彈回升的情況。

　　股價反轉，是指股價從上升行情（或多頭市場）轉為下跌行情（或空頭市場）；或是指股價從下跌行情轉為上升行情。反轉型態，是指技術分析者表達股價朝相反方向波動之圖形。

　　反轉型態，有以下幾種類型：

1. 頭肩底

2. 三重底

3. 圓形底

4. V 字型底

1 頭肩底

　　最典型的頭部及底部型態，即為頭肩型態，其可被用來作為主要之反轉指標。此型態之形狀是由頭部及左右兩肩所組成。

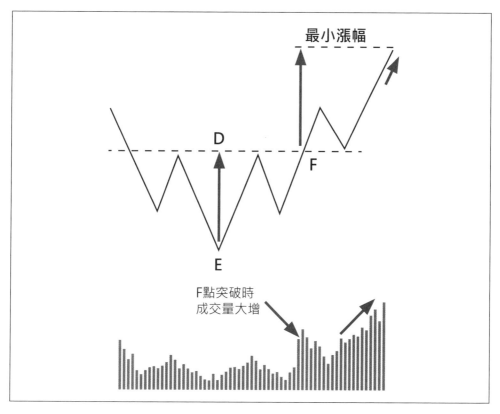

圖 4–1　頭肩底
資料來源：作者整理

圖 4–2　頭肩底實例：欣興（3037）
資料來源：作者整理

　　依照頭肩底型態，欣興的低點為 23.65 元，由圖 4-2 我們可得知第一段漲幅為 23.65 元到 46 元，得數字 46 元÷23.65 元＝ 1.945 倍，並把 46 元×1.945 倍得數字 89.47 元，預測 89.47 為最小漲幅，實際結果為民國 109 年 8 月 13 日，當時股價為 94.5 元。

❶ 構成原因

　　頭肩底型態，是股價從下跌行情（或空頭市場）轉變為上升行情（或多頭市場）之一種築底線路圖形。它的形狀正好與頭肩頂型態相反。一般來說，頭肩頂型態的向下跌破並不一定要有大量成交量相配合。但是，頭肩底型態的向上突破則要有大量成交量相配合，否則也只能算是假突破。某些技術分析者甚至認為，頭肩頂型態及頭肩底型態的跌破或突破需收盤價突破頸線幅度，超過該個別股市價 3%以上（亦即收盤價與頸線之距離為市價之 3%以上），才是有效之突破。對於多頭操作者而言，頭肩底型態是非當重要的買進信號。此種型態之形成，短則一、二週（從日 K 線觀察次級行情），長則一年、半載（從週 K 線圖觀察中長期行情）。

標準的頭肩底型態顯示明顯的對稱狀況，實際股價波動，產生之頭肩底型態卻可能產生變形。不論如何，左肩與右肩必須具有某些程度之對稱性，而且底部必然會略低於左肩及右肩。頭肩底的構成原因和頭肩頂沒有兩樣，它告訴我們過去的長期性趨勢已扭轉過來，股價一次再一次的下跌，第二次的低點（頭部）顯然較先前的一個低點為低，但很快地掉頭彈升，接下來的一次下跌，股價未跌到上次的低點水平，已獲得支撐而回升，反映出看好的力量正逐步改變市場過去看淡的形勢。當兩次反彈的高點阻力線（頸線）打破後，顯示多方已完全把空方擊倒，買方代替賣方完全控制整個市場。

❷ 特徵

（1）強勁的下跌趨勢使股價達到一個新低點，隨後向上反彈至頸線附近即又下跌，形成「左肩」。此一階段成交量沒有明顯增加。

（2）股價之再次回跌，成交量會逐漸消失，一直達到比左肩更低之點，即為「底部」。此後股價反彈回升，成交量也有明顯增加之勢。

（3）股價回升到頸線附近，又回跌到另一高於底部之低點，即為「右肩」。

（4）股價形成「右肩」後，再反彈回升，大量成交量配合之下，股價衝破頸線，頭肩底型態即已完成。

（5）連結左肩與右肩之頂部高價點，即為頸線。當股價突破頸線時（註：要有大量成交量相配合，否則只是假突破。另外一種說法是，收盤價突破頸線幅度要超過該個別股市價 3% 以上，才是有效突破），可視為勇敢買點。

❸ 頭肩底的運用

（1）頭肩底最小漲幅的預測幅度是頸線（D）與最低點（E）間的距離，再從頸線突破點（F）向上測量 DE 之間的距離，作為預測股價將會上漲的最小漲幅。

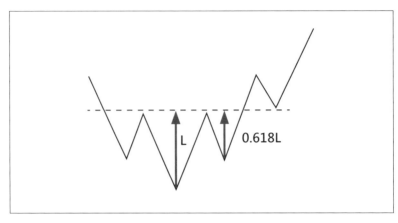

圖 4-3　頭肩底（黃金比例）
資料來源：作者整理

（2）當右肩形成、頸線突破時，就是一個真正的買入訊號。雖然股價和最低點比較，已上升一段幅度，但升勢只是剛剛開始，表示買入的投資者應該繼續追入。

右肩與底部之高度比例並沒有一定標準。但是，正當的情況下，右肩高度約為底部高度之 0.618。

因此，可將底部高之 0.618 距離視為低點買進之目標價格。但若股價之波動發展出乎預料地跌至底部以下時，可將底部視為停止損失點。

（3）當底部形成時，立即建立基本持股。停止損失點可以設定在股價波動之較低點，雖然可以減少風險，但是成功之機率較小，原因在於技術分析者很難預測何處是較低點。

（4）一般來說，左肩和右肩的低點大致相等，部分頭肩底的右肩較左肩為低。但如果右肩的低點比底部還要低，此型態便不能成立。

（5）如果頸線向上傾斜，顯示趨勢較強勢。

（6）一般來說，頭肩底型態較為平坦，因此需要較長的時間來完成。

2 圓形底

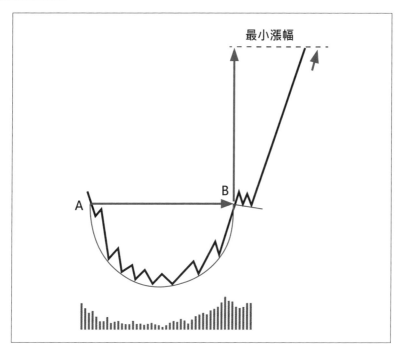

圖 4–4　圓形底
資料來源：作者整理

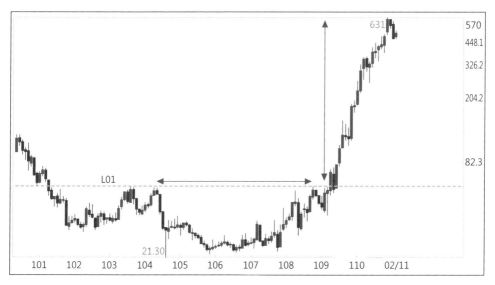

圖 4–5　圓形底實例：南電（8046）
資料來源：作者整理

依照圓形底型態，當圓形底確定打底成功時，即可測量該圓形底的直徑，並依照該直徑的倍率計算該漲幅的最小漲幅。圓形底的算法由圓弧左側的碗公左側的護嘴（58.2 點）開始計算，一直到右側護嘴（58.7 點），為最小漲幅，以突破右側護嘴為起漲點計算，到達 600 點為最小漲幅。

❶ 構成原因

圓形底之所以形成，在於買賣雙方長期的爭鬥。剛開始時，因賣方急於賣出的企圖較買方濃，故賣方的力量較強。因此，股價緩慢走低，使得空方繼續追低的意願轉淡，買方也極欲出脫手中持股，直至雙方力量趨向平衡，而形成一種僵持不下的局面。這種現象持續一段時間，待買方不耐久盤而積極買進時才會打破，此時，買方取得優勢，股價從盤整格局逐漸轉成上漲的走勢。

❷ 特徵

（1）漲勢一旦開始後，買方的力道必然大於賣方的壓力，使得圓形底的右邊會形成許多小小的底部，而連接這些小底部的頂點可劃出一條上升趨勢線。當往上正式突破趨勢線後，往往出現爆發性的急漲，幾乎是一口氣將幅度漲完，中間極少出現回檔整理，亦即漲得很急，時間也很短。

（2）構成圓形底時的成交量，大多和其股價構成圓形底的弧度相似，亦即在半圓形底部附近時的成交量，應減至最低的水準。此時股價漲跌波動極緩，成交量也近於遲鈍，為多空雙方供需將產生變化的前兆。

（3）圓形底的型態，以出現在較具投資價值（資本額在 20 億以下）的中小型股票中為較多。

❸ 圓形底的運用

（1）當圓形底形成時，投資者應先測量圓形底的直徑（AB 兩點間的距離），然後再從突破頸線點（B）算起，向上測量等幅（AB 間的長度），作為預測股價將會上漲的最小漲幅。

（2）由於圓形底向上正式突破後，股價上漲的速度大多極快，因此我們除了可在漲至預測最小漲幅時賣出，亦可待股價止漲回跌時，才予市價賣出。

（3）在圓形底型態進行過程中，如果突然出現大量的買進或賣出，而使股價在數日內突然急漲或急跌時，不出多日，它都會再度回復到原先的價位，依該型態原有軌道再度依序進行。因此如果在股價型態能夠判斷它將會是圓形底時，可在該型態尚未接近完成，而股價突然急漲或急跌時，予以買進或短線賣出，以增加獲利。

（4）當股價正式往上突破圓形底的頸線時，成交量必需大幅增加，此為積極買進的信號。如果突破時成交量未配合增加的話，則須注意是否將會遭到騙線的困擾。

（5）圓形底型態完成（向上正式突破）時，我們可以視它完成該型態時間的長短，來預估未來上漲的力量究竟如何。一般來說，圓形底完成所花費的時間越長，市場浮動籌碼消化越見徹底，致向上突破後上漲的力道（速度），將會更為強勁有力。

（6）如果圓形底是出現在週線圖或月線圖上時，其所代表的買進意義，大多比出現在日線圖時更為積極。換句話說，週線圖或月線圖出現圓形底並正式向上突破後，所上漲的幅度，大多會較出現在日線圖時的預測能力最小漲幅高得多。

※圓形底變形─船形底

圖 4-6　船形底
資料來源：作者整理

　　船形底是圓形底的變化形態，在此狀態下是因為圓形底的一側比較偏低，使得圖形畫出來後出現像是船形的型態，此型態稱為船形底，這狀態的判斷方式跟圓形底基本上是大同小異的。

3 V字型態

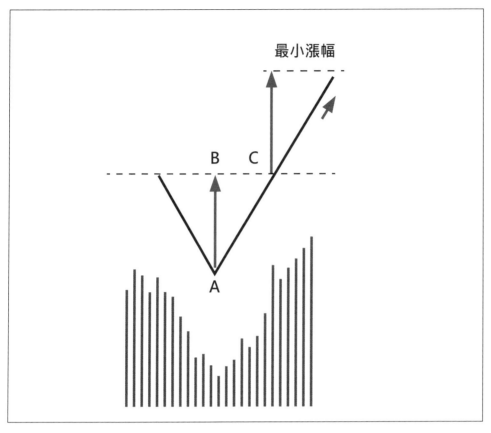

圖 4-7　V 字型態
資料來源：作者整理

❶ 構成原因

　　通常是買方和賣方在一定的區間爭勝，一方勝利而改變領導地位。以 V 型反轉來說，由於市場中賣方的力量很大，令股價穩定而又持續地挫落，當這股賣壓消失之後，買方的力量完全控制整個市場，使得股價出現戲劇性的回升，幾乎以下跌時同樣的速度收復所有失地；因此在圖表上股價的運行，形成一個像 V 字般的移動軌跡。倒轉 V 型情形則剛好相反，市場看好的情緒使得股價節節彈升，可是突如其來的一個因素扭轉了整個趨勢，賣方以上升時同樣的速度下跌，形成一個倒轉 V 型的移動軌跡。

❷ 特徵

　　首先，讓我們先定義 V 字型。V 字型態，它分為三部分：

（1）下跌趨勢：通常 V 字型左肩的跌勢十分激烈，而且持續。但是，它的跌勢也可能非常緩慢和不規則，正如一般趨勢正在下跌中。

（2）轉折點：在最低點的價位通常只停留一天。有時反轉是逐漸地，但是股價很少在這個區域停留很多天。

（3）上升趨勢：當股價穿過下跌趨勢線是反轉的第一個訊號，在反轉以後，成交量隨之上升，向上趨勢逐漸地增加。最初的一段走勢令我們很困惑，因為一直到走勢上升有一段距離後，我們仍然不能肯定的認定這個形狀是否為一個有效的 V 字型反轉。

❸ V 字型態的運用

　　當股價向上突破 V 型頸線時，可先量出該型態最低點（A）至頸線（B）間的距離，然後再從突破點（C）開始向上量出 AB 間的同等距離之價位，做為預測能力的最小漲幅。

「V 字型是最難預測和分析的」，是最確實不過的。但並不是說了解它們是不可能的，因為如果是如此的話，我們就不必要浪費時間來討論它們了。當投資者面對一個可能形成 V 字的型態，需特別警覺它們會有錯誤的變動，隨時應注意陷阱。等待可能的利潤的同時，留意風險性而準備隨時撤退。

在 V 字型形成的途中，需用彈性的操作方法。每一種交易頻繁的股票有下列的份子參與：短線的交易者、消息靈通的人和一般大眾。幾乎在所有圖形型態，這三種人的交易產生的結果隨時可見，但在 V 字型中，並非如此。它們是市場心理戲劇性反轉的產物，是由一些突然的發展和一些消息靈通的投資人所不能預見的因素所導致的（很少有消息靈通的人在最低價買股票，它們通常是在下跌中分批買進）。

一個不可預知的因素，一個政治上的突然發展，或甚至一個大眾傳播媒介的預測會引來不規則的變動，導致湧入市場做買賣的委託而迅速的扭轉了股價的趨勢，這種反轉是很難預測的。另外還有一個例外，有一群人打算售出手上的股票，賣出很謹慎且繼續，造成了在股價結構上一股固定的賣壓，一旦這股賣壓消失以後，股價就像橡皮筋一樣的迅速反彈上升。

在任何一種情況下，一個圖形的分析者，必須很小心的注意 V 字型的完成。仔細研讀這種股票的歷史和目前情勢的本質，以決定（預測）往後走勢的趨向，然後很小心的採取行動。

對於初學者來說（也許對於有經驗的行家同樣適用），在 V 字型形成而未投入任何資金前預先作演習。在一般情況下，沒有任何方法能代替實際行動。

4 反轉型態的操作範例

· 2014 中鴻

從中鴻的日線圖分析,於 109/11/23 時,K 線突破頸線,買入價位為 10.5 元。以 110/05/17 的低點 37.25 元連接 110/06/21 的低點 47 元形成一條三角型態的下沿線,之後於 110/07/13 時一根長黑棒跌破型態三角形的下沿線。賣出價位為 54.8 元。獲利約為 5 倍。

・3037 欣興

　　由欣興的週線觀察，這次把圓形底的時間拉長，從 104/01/23 那週的高點連接 107/02/02 那週的高點後，連成一條直線，視為圓形底的頸線。當突破這條頸線，為買入點於 107/11/31 那週買入，價格為 20 元附近。圓形底祕笈：用尺量測圓形底最寬位置，然後將尺垂直的放在突破點上，量測未來的漲幅。預估漲幅會達到 240 元附近。

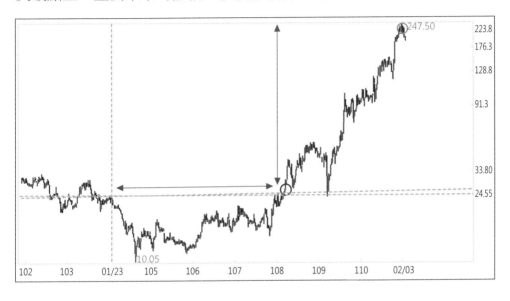

‧ 3228 金麗科

　　以金麗科的週線來說明，這支股票比較特別的是我們以船型底的型態方式來操作，從 107/08/06～109/06/08 花了兩年左右的時間完成船型的型態，在 109/06/08 當週 K 棒出現型態突破的時候開始買進，價格約落在 40 元附近。之後我們這些投資者可以開始測量等幅距離，以船身的長度畫上去為往後股票的目標價格，約在 560～600 元之間。最後我們在 110/04/12 當週的時候出脫，價格約在 580 元附近，獲利約為 14.5 倍。

・3545 敦泰

　　以敦泰的週線來說明，我們以圓形底的方式來操作此股，在
109/10/26 因為公司辦理減資，因此 K 棒形成了一個缺口，可以使用還
原週線圖的方式來觀察，我們在當週買進股票，價格約落在 50 元附
近，之後可以開始以圓形底的型態測量等幅來計算目標價格，畫出線
後可以得知約在 280 元附近，隨後緊抱股票直到 110/08/04 當日的時候
賣出，價格約在 280 元附近，獲利約 5.6 倍。

· 3552 同致

　　以同致的週線圖來講解，我們以頭肩底型態的方式來買進此股，在 109/08/03 當週股價 K 棒以長紅棒的方式突破了型態先作一次買進，後來在 9 月底 K 棒又作了一次股價的回測時，再次加碼股票，買進的平均價格約落在 90 元附近。

　　型態完成時，即可開始測量等幅來計算未來的目標價格，使用頸線除以低點，81÷24.7＝3.279，因此最小漲幅目標價為 3.279×81＝265.5 元，最後我們在 110/03/05 當週價格約 290 元附近賣出，獲利約 3.2 倍。

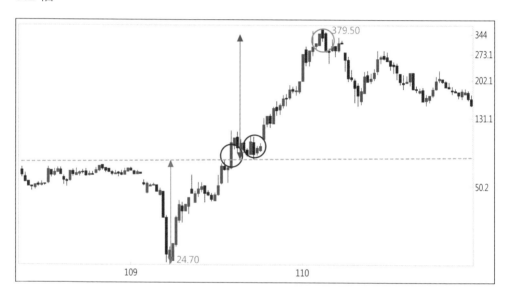

・3653 健策

　　以建策月線圖的型態來分析其高點，以 103/06 月的最高點連接 108/04 月的最高點為頸線，用頭肩底的方式來觀察此股，以測量等幅的方式計算，頸線中點除以低點 135÷36.1 = 3.73，此股在 109/03 月時跌破頸線，所以以當月的最低點乘以漲幅 121.5×3.73 = 453 元為之後預測的目標價。

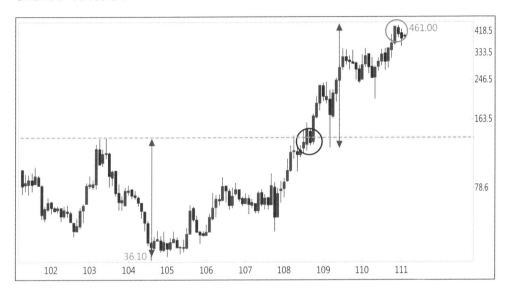

‧ 6165 浪凡

從 6165 的週線半對數圖觀察,從 107/04/20 最高點連接 109/02/21 最高點,可以觀察出此型態為頭肩底,依照祕笈:頭肩底理論推算漲幅為 90 元。

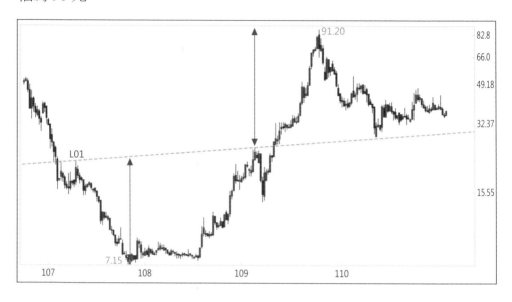

・8046 南電

依南電的週線觀察，從形態學找到圓形底，然後用尺來測量漲幅，取 104/05/22 最高點及 108/04/26 最高點連成一線，然後當 K 線突破後為買進訊號，用尺測量此線段長度，然後轉 90 度，依突破點為基準點預測漲幅為 620 元。

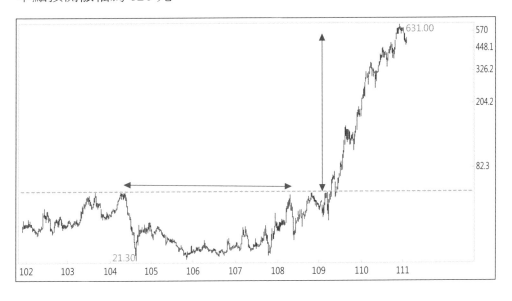

第五章

重大消息的標記：缺口

　　缺口是指股價在快速大幅變動中有一段價格沒有任何交易，使得在某特定交易期間內最低價高於先前交易期間的最高價；或者在某特定交易期間內最高價低於先前交易期間的最低價，而在股價趨勢圖上顯示出一個真空區域，這個區域就稱之為「缺口」或「跳空」。若股價出現缺口，經過幾天或更長時間的變動，然後反轉過來，將缺口填補，稱為缺口的封閉或補空。

　　缺口的出現，決定於市場消息面的因素，有些則與市場的供給與需求的強弱來決定向上跳空缺口或向下跳空缺口。其中以市場的強弱度涵意較大，也是本書討論的重點。本書將缺口分為四種：

1 普通缺口

❶ 意義：

　　普通缺口乃是因為常出現在一個交易區域或價格密集型態中而得名的。由於並不具備預測能力，因此亦較不為一般所重視。

❷ 特徵：

　　普通缺口並未能促使股價脫離整理型態，致短期內走勢仍是處於盤整格局內，因此缺口總是容易被填補而失去作用。

❸ 運用：

　　由於普通缺口是屬於盤整格局內的缺口，短線投資者可在股價上漲或下跌到缺口附近時，高出或低進，賺取短線差價利潤。

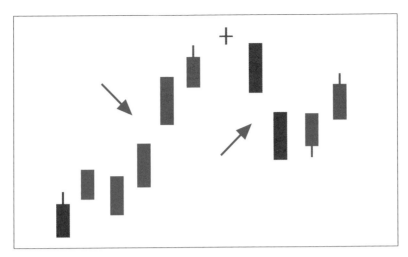

圖 5-1　普通缺口
資料來源：作者整理

2 突破缺口

❶意義：

突破缺口通常發生在一段整理型態完成之後，當價格在交易密集區完成整理，並向上突破時，常以缺口的形式顯示出來，這種缺口便是突破缺口。可分為向上突破缺口與向下突破缺口。

❷特徵：

（1）向上突破缺口： 向上突破缺口的出現表示盤整格局已經被突破，並且缺口越大表示多頭的力量越強，未來股價變動將會越激烈，上漲速度越快，使得原先的整理區間變成低檔支撐區，只要向上跳空缺口未被回補，股價將會有一波可觀的上漲行情。

（2）向下突破缺口： 向下突破缺口的出現表示盤整格局已經被跌破，並且缺口越大表示空頭的力量越強，未來股價變動將會越激烈，下跌速度越快，使得原先的整理區間變成高檔壓力區，只要向下跳空缺口未被回補，股價將會又一波下跌行情。

（3）**運用**：突破缺口具有十分重要的價值訊號，只要價格正式突破壓力或跌破支撐，並伴隨大量時，則可確認這個突破缺口為一個有效的突破，為強烈的買進訊號（放空訊號）。由於突破時伴隨著大量，因此，缺口通常不會在短期間內被填補，其強度也較一般突破表現出更強烈的買進訊號（放空訊號）。

3 中途缺口

❶意義：

由於中途缺口能大約暗示股價移動時可能到達的地方，所以有較大的技術意義，因此也可稱為測量缺口。

❷特徵：

（1）中途缺口是出現在股價已上漲或下跌一段時間，產生中途缺口的當天，其成交量必須為數月以來的最大成交量，並且到高點完成時，也都無法比該天的成交量還多。

（2）中途缺口不能保證股票將會漲至與跌至何處，但卻能暗示我們到某價格之後，即可考慮買進與賣出。

❸運用：

（1）首先找出向上突破缺口的最低點（A）與向上中途缺口的最高點（B），將 B 點扣除 A 點後，產生一個數值，我們把它當作 X，然後再從中途缺口的最低點（C）加上 X，此距離即為預測的最小漲幅，當股價漲到該價格附近時，即可考慮賣出。

（2）首先找出向下突破缺口的最高點（D）與向下中途缺口的最低點（E），將 D 點扣除 E 點產生一個數值，我們把它當作 Y，然後再從中途缺口的最高點（F）扣除 Y，此距離即為預測的最小跌幅，當股價跌到該價格附近時，即可將融券回補。

（3）若向上中途缺口有兩個時，可先量出兩個缺口一半的價位（G），再從 G 點扣除 Al 點後，產生一個數值，我們把它當作

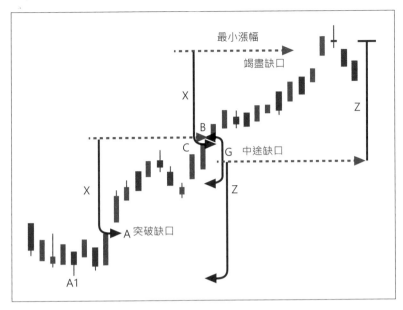

圖 5–2　缺口示意圖
資料來源：作者整理

　　Z，然後再從兩缺口一半的價位（G）加上 Z， 此距離即為預
測的最小漲幅，當股價漲到該價位附近時，即可考慮賣出。

（4）若向下中途缺口有兩個時，可先量出兩個缺口一半的位置
　　（H），再從 Dl 點扣除 H 點，產生一個數值，我們把它當作
　　W，然後再從兩缺口一半的價位（H）扣除 W， 此距離即為預
　　測的最小跌幅，當股價跌到該價位附近時，即可將融券回補。

4 竭盡缺口

❶意義：

　　竭盡缺口代表了趨勢的終點與結束。突破缺口與中途缺口藉由它
們的價格型態與位置很容易分辨出來，但最後的竭盡缺口並不能像突
破缺口及中途缺口一樣，立刻地辨別出來。

❷特徵：

　　竭盡缺口也是發生在漲勢或跌勢中，但竭盡缺口是由盛轉衰的表

徵。通常是伴隨著快的、大的價格上升或下跌而生，因此代表該行情已走到了終點，但並非表示股價走勢會反轉。

❸ 運用：

　　竭盡缺口不是原始反轉的訊號，只能說是停止而已。隨著這停止而來的是發展出一些其它的型態，這才可能導致反轉或繼續缺口之前的趨勢而移動。然而，實際上竭盡缺口發生後，在新趨勢完成前，都會有一連串的小變動，但仍需等到型態完成後或者前面的趨勢重現後，才可作買進及賣出動作。

5 | 跳空缺口應用祕笈

　　跳空缺口是一個壓力與支撐的關鍵點，它有一個不成文的規定，跳空缺口 3 天不補，3 週補；3 週不補，3 個月補；3 個月不補，3 年補；3 年不補，9 年補，舉例說明民國 82 年 1 月 30 日的最高點 3,379.88 與 82 年 2 月 1 日的最低點 3,413.45 形成一個 34 點的跳空缺口，經過 8 年多來到在民國 90 年 9 月 26 日來到 3,411.68 回補缺口，當時作者早在民國 89 年 4 月大盤指數在萬點時就神準預測指數會下跌補此缺口。

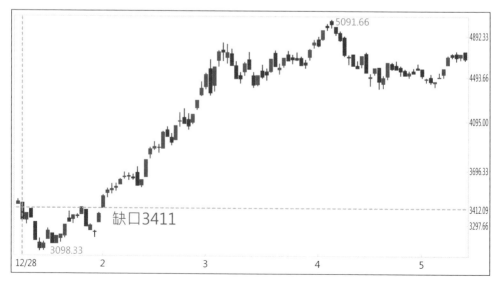

圖 5-3　加權指數（日線）

6 缺口的操作範例

· 2465 麗臺

以麗臺的日線圖來說明，我們運用找突破缺口的方法在 110/02/17 發現到此股，發現的當天與隔一日股價都以一字線（表示股價的開盤價、收盤價、最高價、最低價都是同一個價位）的方式漲停鎖死，因此沒有機會可以買進持股，直到 02/19 日當天才開始買進，價格約落在 21.5 元。

買進股票之後抱住，直到 3/15 日出現了中途缺口，因此可以開始來計算之後的目標價格，中途缺口的高點 33.25 與突破缺口的低點 16.6 差值為 16.65，最後把中途缺口的低點 32.85 加上 16.65 可以得知最小漲幅為 49.5，最後我們在 110/04/14 價格約 54 元賣出，獲利約 2.5 倍。

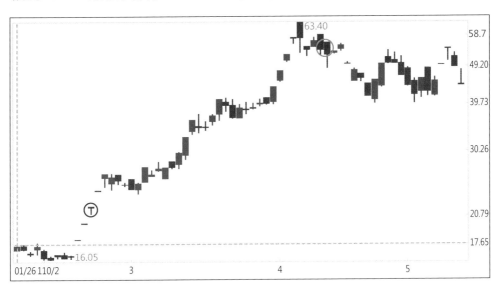

·3669 圓展

由圓展的日線圖分析，在 109/07/09 時，股價出現跳空突破，為第一次跳空缺口，買入價位為 36 元。隨後在 109/08/06 時出現，中途缺口此時的價位為 71 元，所以可以使用缺口祕笈，由測量缺口計算完成點為 140 元，所以當 109/08/26 時出現竭盡缺口後，準備出脫持股，賣出點 140 元。獲利約為 4 倍。

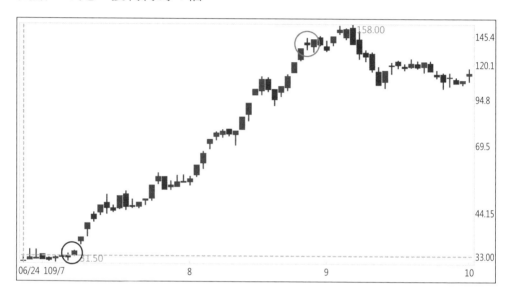

· 3529 力旺

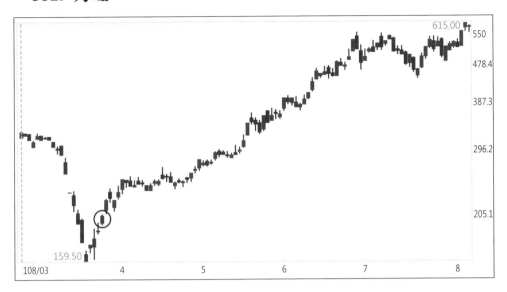

　　在 109/03/25 出現突破缺口，故於此日買進 220 元，然後使用週線，應用六合神功中的角度線尋找飆馬股的方法預測高點，此方法是連接 108/04/19 那週高點及 109/03/27 那週低點，然後依照這條線在 108/04/19 那週再畫一條線，兩者呈直角交叉，接著如下圖所示會有一交叉點在紅色的垂直線上，即為預測之高點 2,400 元上下，故出在 110/10/27，價格 2,390 元。獲利約 10 倍。

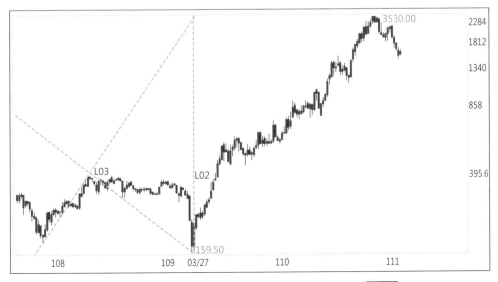

・9945 潤泰新

從潤泰新的日線還原權值圖觀察，於 109/03/25 時，出現第一次跳空缺口，買入訊號，買入點價位為 15 元為基準，然後找到中途缺口 110/03/29 的前一日最高點 32.2 元，然後取跳空當日最低點，依據缺口理論計算漲幅，預測最高點出現在 72.1 元附近。當股價出現在 72 元附近，可以慢慢出脫手中持股。獲利約為 4.8 倍。

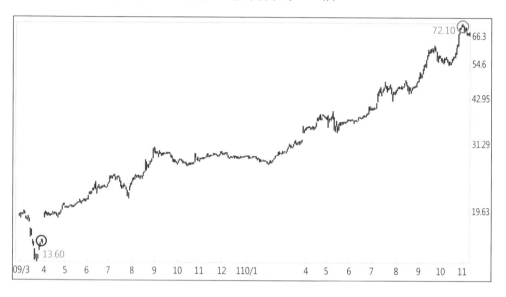

第六章

未來走勢的發現者：相對強弱指標（RSI）

RSI 是 Relative Strength Index 的縮寫，中文名稱又稱作「相對強弱指標」，R 是美國知名的技術分析大師威爾德（J.Welles Wilder）在 1978 年所發明的技術指標。其他的分析工具如拋物線、動量指標（MOM）⋯等等的發明也都是來自於同一人，即使到了目前我們身處的這個年代，RSI 仍然是一個受到許多投資人歡迎又好用的分析工具。

RSI 的計算公式如下。簡單來說，就是衡量一段時間內買方及賣方的力量誰強誰弱，並據此判斷未來股價的走勢。

公式如：

$$RSI = \frac{n\ 日漲幅平均數}{n\ 日漲幅平均數 + n\ 日跌幅平均數} \times 100$$

由上述公式可以得知，RSI 的數值只會位於 0～100 之間，通常看盤軟體都預設 6 日的 RSI 天數來運用，使用者可以根據自身喜好在軟體裡面調整所採用的天數。

1 RSI 的買賣研判技巧

❶ 以交叉點來研判買賣技巧：

（1）當 6 日 RSI 由下往上突破 12 日 RSI 時，為買進訊號。

（2）當 6 日 RSI 由上往下跌破 12 日 RSI 時，為賣出訊號。

❷ 超買與超賣的研判：

（1）當 6 日 RSI 高過 80 時為超買，低於 20 時為超賣。

（2）當 12 日 RSI 高過 70 時為超買，低於 30 時為超賣。

❸ 弱勢市場與強勢市場的研判：

（1）弱勢市場：RSI 在 50 以下。

（2）強勢市場：RSI 在 50 以上。

❹ RSI 與股價走勢背離的研判：

（1）當股價創新高，而 RSI 線未創新高時，即為高檔背離（熊市背離），為賣出訊號。

（2）當股價創新低，而 RSI 線未創新低時，即為低檔背離（牛市背離），為買進訊號。

2 六合神功在 RSI 的操作祕笈

❶ 趨勢

　　RSI 具有「趨勢性」，因此，可將高點與高點連接，形成一條下降趨勢線，當 RSI 突破趨勢線時，投資者即可買進股票。同理，將低點與低點連接，形成一條上升趨勢線，當 RSI 跌破趨勢線時，投資者應出脫持股，等到有買進訊號出現時，再進場作多。

❷ 型態

　　RSI 具有「型態」，並且比 K 線圖上的型態更為清晰。如頭肩底、雙重頂、三角形、楔形…等型態。投資者可在 RSI 的圖型上，畫上和 K 線圖一樣的頸線、支撐線及壓力線，一旦突破（跌破）頸線或者突破壓力線、跌破支撐線，便可毫不猶豫的買進（出脫）股票。

❸ 背離

（1）在 K 線圖上，當股價頭部的形成是一頭比一頭高，而 RSI 卻反而出現一頭比一頭低時，即為所謂的熊市背離。此種熊市背離顯示了股價虛漲的現象，暗示著大反轉下跌即將來臨，投資者應密切注意，股價隨時有反轉向下的可能。

（2）在 K 線圖上，當股價底部的形成是一底比一底低，而 RSI 卻反而出現一底比一底高時，即為所謂的牛市背離。此種牛市背離顯示了股價虛跌的現象，暗示著大反轉上漲即將來臨，投資者應密切注意，股價隨時有反轉向上的可能。

❹ 鈍化

RSI 是震盪技術指標，因此在高檔區或低檔區會產生鈍化，所以六合神功用來順勢操作，尋找作多或作空的飆馬股。

❺ 乖離

當有兩條不同的 RSI 時，兩條 RSI 便會產生乖離。正乖離越大時，股價繼續上漲；負乖離越大時，股價繼續下跌。

❻ 位置

（1）股價經一波段下跌後，若股價要進行回升行情，第一次從低檔上升 RSI 必須突破 80 以上，若無法突破 80 以上，股價只是反彈而已。

（2）股價經一波段上漲後，若股價要進行回跌行情，第一次從高檔下降，RSI 必須跌到 20 以下，若未跌破 20 以下，股價只是回檔而已。

❼ 交叉

（1）短線 RSI 突破中線 RSI 為短線之買進訊號，中線 RSI 突破長線 RSI 為中線之買進訊號。

（2）短線 RSI 跌破中線 RSI 為短線之賣出訊號，中線 RSI 跌破長線 RSI 為中線之賣出訊號。

（3）短線 RSI 為 3 日 RSI，中線 RSI 為 6 日 RSI，長線為 12 日 RSI。

❽ 虛弱轉折

RSI 值在 70 以上或 30 以下的迴轉，是市場趨勢反轉的強烈訊號。

❾ 對稱

RSI 在高檔區形成何種型態（如 M 頭、頭肩頂），則 RSI 在低檔區必須對應高檔區做出何種型態（如 W 底、頭肩底），待型態完成後，才有回升的能力。

❿ 領先預測功能

（1）RSI 能比 K 線圖提早出現頭部或底部的徵兆，因此 RSI 的路線圖具有提早領先型態（頭部底部）之徵兆，如 RSI 路線圖形成頭肩頂，而後 K 線圖將會形成頭肩頂；若 RSI 路線圖形成 W 底，而後 K 線圖會形成 W 底，因此 RSI 具有領先指標的功能。

（2）RSI 路線圖若創新高，K 線圖也會創新高；RSI 路線圖創新低，而後日線圖也會創新低。

⓫ RSI 的路線圖適用於波浪理論

具有三段五波，可數波段。

⓬ RSI 和日 K 線一樣，有其趨勢、型態、X 線…等功能，具有支撐與壓力的作用，並且壓力與支撐有互換的功能。

⓭ 極短線操作者可運用 3 日 RSI 與 10 日 RSI 的關係操作。

⓮ RSI 有三次法則

也就是 RSI 在高檔區形成三個頭時，則 RSI 在低檔區至少打底三次以上才算打底完成，也才有回升的能力。

⓫ RSI 具有垂直法則

當 RSI 氣勢形成時，不可看不慣它的漲幅而去融券放空。氣勢為漲勢的強度，如果形成後而去放空，就如螳臂擋車。

3 RSI 的操作範例

‧3169 亞信

以亞信的週線圖來舉例說明，我們是運用 RSI 高檔鈍化的方法來尋找並操作飆股，在 109/11/02 當週 RSI 技術指標產生了黃金交叉，並且突破了 RSI 趨勢線，我們在這週買進股票，價格約落在 37 元附近。

在 110/01/04 這一週的 6 日 RSI 指標落到了 75.45，隨後又開始往上續漲，運用此書前面所教授的操作祕笈，當 RSI 第一次突破 80 後回檔不破 75，並持續在高檔鈍化的話，此為飆馬股的氣勢，必須緊抱不放。

持有股票前前後後經過了 5 個月的時間，爾後在 110/04/12 當週 RSI 高檔鈍化結束，並且產生死亡交叉的時候出清持股，價格約落在 175 元附近，獲利約 4.7 倍。

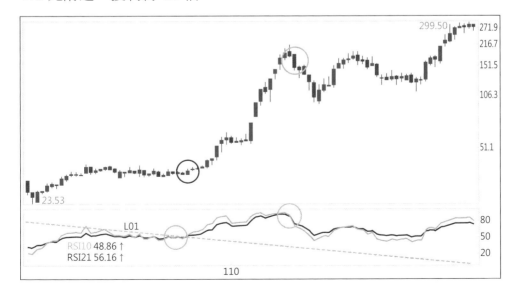

第七章

尋求飆馬股一哥：隨機指標（KD）

1 KD 是什麼呢？

　　KD 指標又稱為隨機指標（Stochastic Oscillator），是由美國一位喬治・雷恩分析師（George Lane）在 1957 年時所研發出來的，屬於短期而敏感的技術指標，最初是被應用在美國的期貨市場上面，後來在股票市場上被廣泛的運用，長達 50 多年之久，由此可知大眾投資人對於 KD 指標有著很大的參考價值！

　　KD 是屬於短期的技術指標，對於股市的短期變化較敏感，數值介於 0～100 之間。在計算 KD 之前，首先我們必須要先計算出未成熟隨機值（RSV），通常我們把 KD 的參數預設值設定為 9 日，意思是以 9 天當作為一週期，找出 9 天內曾經出現過的最高價位、最低價位與當日收盤價，利用這三個數值計算出未成熟隨機值（RSV）後來推算 K 值與 D 值，其計算方法如下：

$$RSV = \frac{第\,9\,日收盤價 - 最近\,9\,日內低價}{最近\,9\,日內最高價 - 最近\,9\,日內最低價} \times 100$$

　　計算出未成熟隨機值（RSV）之後，再根據平滑移動平均線的方法來計算 K 值與 D 值。

今日 K 值（快速隨機指標線）＝ 2/3 ×（昨日 K 值）＋ 1/3 今日 RSV
今日 D 值（慢速隨機指標線）＝ 2/3 ×（昨日 D 值）＋ 1/3 今日 K 值
J 值＝ 3D － 2K

若無前一日的 K 值與 D 值，可以分別用 50 來代入計算。經過長期平滑運算之後，起算基期的不同都將趨於一致，不會有任何差異，K 值與 D 值永遠介於 0 與 100 之間。

2 KD 線的買賣研判技巧

❶ 交叉點來研判買賣技巧：

（1）買進：當 K 值向上突破 D 值時，KD 值同時往上交叉（黃金交叉），即為買進訊號。

（2）賣出：當 K 值向下跌破 D 值時，KD 值同時往下交叉（死亡交叉），即為賣出訊號。

❷ 超買區與超賣區的研判：

（1）當 D 值大於 80 時，市場呈現超買現象。

（2）當 D 值小於 20 時，市場呈現超賣現象。

❸ 應用 KD 指標研判股價轉折：

KD 值會鈍化，通常 KD 值在高檔 80 以上，低檔 20 以下，會形成鈍化，為 KD 之盲點所在。通常股價在主升段，KD 值會產生高檔鈍化，因此我們利用 KD 會有鈍化現象尋找飆馬股。

❹ KD 值與股價走勢背離的研判：

（1）當股價創新高，而 KD 值未創新高時，即為高檔背離，表示股價即將轉折，為賣出訊號。

（2）當股價創新低，而 KD 值未創新低時，即為低檔背離，表示股價即將反轉向上，為買進訊號。

❺ 運用 KD 值的交叉現象尋找股價的支撐與壓力：

（1）K 值與 D 值死亡交叉，當天的股價最高點為壓力。

（2）K 值與 D 值黃金交叉，當天的股價最低點為支撐。

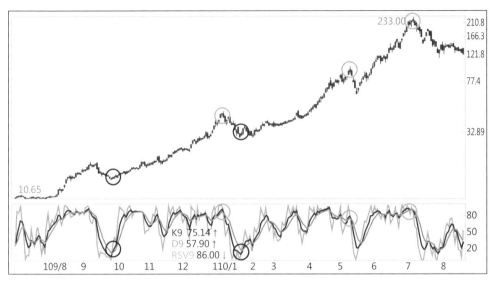

圖 7–1　KD 買賣技巧（2603 長榮）
資料來源：作者整理

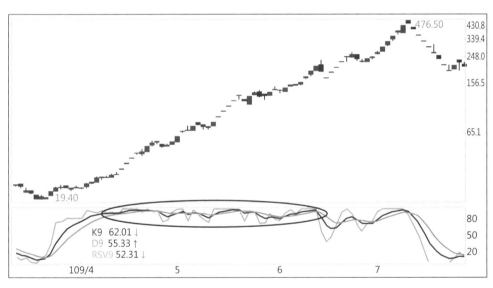

圖 7–2　高檔鈍化飆馬股（4743 合一）
資料來源：作者整理

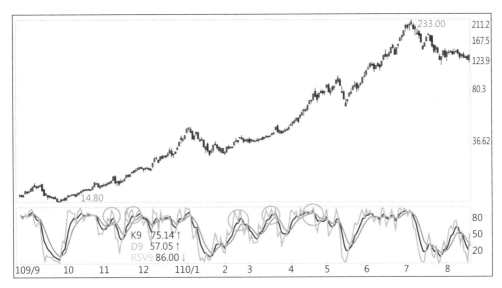

圖 7–3　KD 騙線（2603 長榮）

資料來源：作者整理

❻ 運用 KD 值交叉現象，防止股價騙線：

（1）當 D 值高角度上漲時，K 值反轉向下跌破 D 值，D 值往上，K 值往下，非死亡交叉，為上攻洗盤格局，為主力甩轎技倆，小心被騙下車。

（2）當 D 值高角度下跌時，K 值反轉向上突破 D 值，D 值往下，K 值往上，非黃金交叉，為下設套牢格局，投資者不宜急著搶進，被騙上車套牢。

❼ KD 值二次交叉現象之運用：

（1）高檔時，K 值兩次交叉 D 值而下，股價可能大跌。

（2）低檔時，K 值兩次交叉 D 值向上，股價即將大漲。

❽ KD 值中 J 之運用：

（1）當指標在超賣區附近，K 值由下向上突破 D 值或 J ≦ 0，為一般買進指標。

（2）當指標在超買區附近，K 值由上向下跌破 D 值或 J ≧ 100，為一般賣出指標。

（3）低檔時，K 值向上穿過 D 值，J ≦ 0，此時為買點。高檔時，K 值向下跌破穿過 D 值，KD 值在一起時，亦可突破僵局，J ≦ 0 作買，J ≧ 100 作賣。

（4）週線 J＜0 或日線 J＜0，抱緊股票不要出脫，有好行情。
　　週線 J＜0 或日線 J＞100，股價大漲小回，逢低再買。
　　週線 J＞100 或日線 J＞100，股價宜防反轉，逢高應出脫。
　　週線 J＞100 或日線 J＜0，跌後反彈，逢高出脫。

❾ 由 KD 值來判斷是否盤頭、盤底完成：

（1）頭部型態： 當 KD 值在高檔鈍話結束之後，若有發生 K 值第一次下降到 20 附近，代表盤頭型態完成。

（2）底部型態： 當 KD 值在低檔鈍話結束之後，若有發生 K 值第一次上漲到 80 附近，代表盤底型態完成。

3 六合神功在 KD 的操作祕笈

❶ 使用 RSV 來尋找飆馬股：

在 KD 線中，有幾個你不可不知的數值，分別為 K 值、D 值、J 值與 RSV。既然有這些數值，就表示各有各的用處，筆者的祕笈之一就是使用 RSV 來尋找飆馬股，六和善士使用 KD 值的參數是 9，主要依循六合神功中的飆馬股程式九陽神功及九陰真經的祕笈。

從 RSV 的公式來看，若我們不管最低價時，公式就等於第九天收盤價除以 9 天最高價再乘以 100，因此當收盤價越高，RSV 的值就會越高。依股價強者恆強的原理，表示此股非常的強勢，因此運用祕笈如下：

當 RSV 從低檔轉折往上，不斷攀升，第一次 RSV 來到 100 時，表示此股具有飆馬的氣勢，當拉回不破支撐時，即可大膽買進。

❷ 運用均線反曲點及 KD 值來尋找飆馬股：

一飛沖天型：此型態有一個三次法則，當看到一支股票呈現高角度的上漲方式飆漲，那麼此股容易在股價漲到末升段之前的過程當中出現三次反曲點的型態，如果投資朋友能抓住這樣的機會，將往往會有很豐厚的獲利報酬。

首先利用均線來找出反曲點，均線參數使用 13 日，均線應先遞減率增加，然後遞增率增加，彎曲交接處就叫反曲點，同時是 K 線第二支腳最低點的地方，然後再搭配 KD 值，設定 KD 參數，確定 KD 值在反曲點的當天，K 值與 D 值都要同時往下，並且 K 值與 D 值當天的負乖離為最大。

若同時具備了以上的條件，就可確定此點為反曲點，且為一飛沖天的型態，投資者若能好好把握買進的時機，股價在經過參數的一半日期，將扣底低檔，而後若形成黃金交叉的情形，飆股將進行另一波的漲升行情。

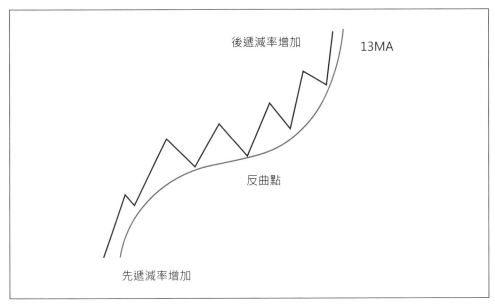

圖 7–4　一飛沖天型

資料來源：作者整理

由此得知，股價經過一波大漲後，在高檔作型態的騙線，使投資者紛紛下車，此為主力甩轎的技倆，該型態的騙線實際上是股價上漲波中繼站的整理，不是頭肩頂型態，投資者再運用破線（13 日均線）量縮進場買進，將可大賺一筆。

❸ 背離：

（1）在 K 線圖上，當股價頭部的形成是一頭比一頭高，而 KD 卻反而出現一頭比一頭低時，即為所謂的熊市背離。此種熊市背離，顯示了股價虛漲的現象，暗示著大反轉下跌即將來臨，投資者應密切注意，股價隨時有反轉向下的可能。

（2）在 K 線圖上，當股價底部的形成是一底比一底低，而 KD 卻反而出現一底比一底高時，即為所謂的牛市背離。此種牛市背離，顯示了股價虛跌的現象，暗示著大反轉上漲即將來臨，投資者應密切注意，股價隨時有反轉向上的可能。

❹ 乖離：

在 KD 指標中，K 值減 D 值大於 18 以上，則正乖離過大，股價有短線回檔的可能；當 D 值減 K 值大於 18 以上，則負乖離過大，股價有短線反彈的可能。

4 KD 的操作範例

· 1325 恆大

　　經過長期整理，第一次 RSV 達到 100，開始逢支撐買進，支撐為
跳空缺口區間（17.0 至 17.7）買進。於 109/01/02 買入價格 17 元。依
KD 指標的祕笈，在上漲過程盤頭後，第一次 K 值跌到 20 以下，確定
盤頭完成，必須將該股賣出。於 109/06/24 前後賣出，股價約在 165 元
附近。獲利約 9 倍。

‧ 2108 南帝

　　109/03/19 符合一飛沖天訊號出現，即股價出現最低點，但是 KD 指標沒有出現最低，故於 109/03/27 股價突破 13 日均線做買進，價格 26 元，之後第二次一飛沖天出現在 109/07/17，並於 109/08/03 的那天站上 13 日均線 35.8 元加碼買進。第三次一飛沖天出現在 109/09/25，隔一交易日 109/09/28 站上 13 日均線買進 48.7 元，之後一直續抱直到 110/4/22 出現 K 線跌破 13 日均線，即出清持股，價格 140 元。獲利約為 5 倍。

·2376 技嘉

於 109/03/18 發現 KD 指標中的 K 值位於波段最低點，隔日上彎後，視為反曲點，待 K 值突破 D 值後買入基本持股，再等 K 線突破 13 日均線後，加碼買進。平均買入價約為 40 元。

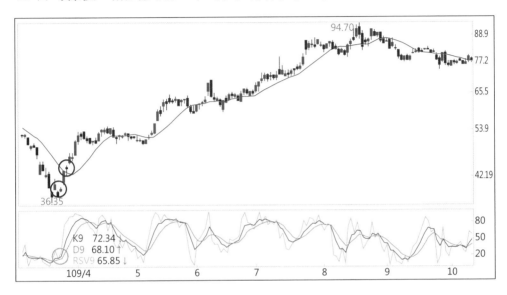

再依波浪理論計算至第五波時，待 K 值在高點產生二次背離後，賣出持股，賣出均價為 155 元。此次投資獲利約為 3.8 倍。

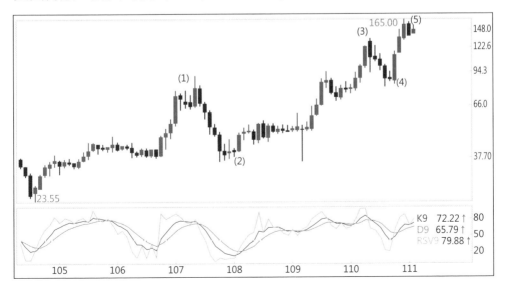

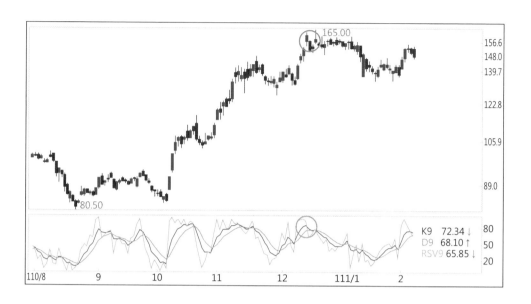

· 2603 長榮

KD 高角度上漲的話，通常會有三次出現，在 13 日均線跌破後又站不上去時才賣出。

以長榮的日線來說明，我們是運用 KD 一飛沖天型三次法則的技巧來操作這支股票。高角度上漲的股票容易會產生三次反曲點的狀況。首先必須先將平均線的天數改為 13 日平均線，在 109/09/24 當天 K 線來到波段最低點的地方，並且當日的 KD 值的負乖離為最大（此日為反曲點），此時我們把這支股票放入持續追蹤的名單裡面，等待至 109/10/05 日 K 線站上 13 日平均線的時候開始大量買進，價格約落在 16 元附近。

第二次的反曲點來到了 110/01/20，一般投資人可以等待 110/02/02 站上均線確立型態時再一次的加碼股票，這裡為第二次產生的反曲點，可以等待第三次的到來。

第三次的反曲點出現在 110/05/17，在 110/05/21 股價穩穩的站上均線的時候，投資人可以安心的持有股票，此時已經滿足我們所說的三次法則，最後等待至 110/07/20 股價先前跌破均線之後股價又站不上去之時賣出股票，價格約在 180 元附近，獲利約 11.2 倍。

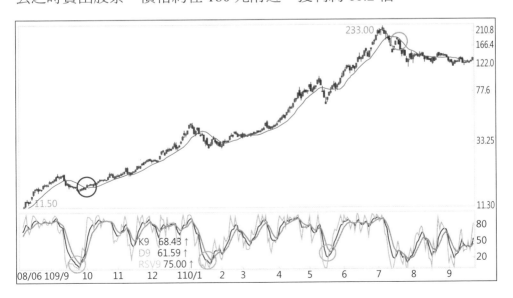

・2614 東森

　　經過一年的整理，於 110/05/12K 值出現最低值，視為反曲點，於 110/05/14 突破 13 日均線，買入 17 元，然後觀察此股走勢。由於此股符合 KD 值高檔鈍化之飆馬股，賣出點依 D 值三度背離後（粉紅色圓圈），依六合神功騙線祕笈，K 值跌破 D 值馬上賣出。於 110/07/14 跌破，賣出 63 元

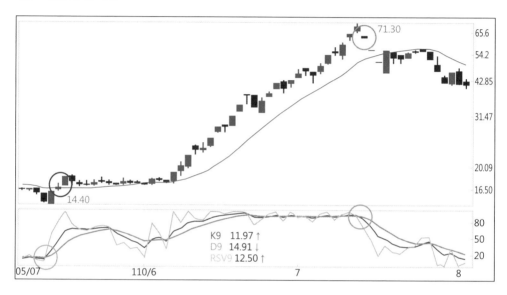

・2615 萬海

　　從萬海的日線觀察 KD 指標，於 109/07/27K 值達到最低，確定為反曲點。然後以長紅棒突破 13 日均線的時間為最佳買進點。於 109/08/06 買入點 17.5 元，此股票符合 KD 值一飛沖天型之飆馬股，在上漲過程之中，有形成三次一飛沖天型，在 13 日均線反轉向下、K 線跌破 13 日線後，無法站回 13 日線，馬上賣出。於 110/07/16 賣出 292 元，獲利約為 16 倍。

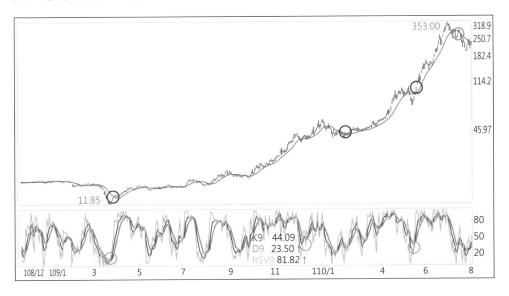

·3149 正達

以正達的日線圖來說明，操作正達的買進方法是運用 KD 的一飛沖天型三次法則技巧，先將移動平均線設定為 13 天數，在 109/07/28 當天 K 棒與 KD 的差值符合本書前面內容所敘述的前兆，在這一天我們可以開始將此股列入觀察名單當中，隨後在 109/08/11 當日站上均線之時開始買進，價格約落在 8 元附近。

第二次的反曲點發生在 109/09/17，一般的投資人可以等待至 12 月分股價站上均線的時候再次加碼，最終在 110/02/05 當天發生了第三次的反曲點型態，最後我們在 110/04/22 股價跌破 13 日平均線的時候賣出股票，價格約在 46 元附近，獲利約 5.7 倍。

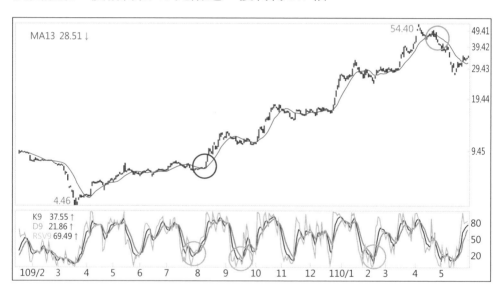

· 3189 景碩

由景碩的日線觀察，於 109/03/19 K 值最低形成反曲點，然後於 109/03/30K 線突破 13 日均線，買入股價為 36.4 元。之後再觀察 KD 指標，於 109/05/25K 值形成第二次反曲點，於 109/06/01 再次突破 13 日均線後加碼買進。買入 48.5 元，最後於 109/07/17 時 K 值形成第三次反曲點，這次不加碼，等待 109/08/19 的 13 日均線下彎後，K 線無法站上 13 日均線出脫持股。賣出手中持股，賣出價格為 80 元附近，獲利約 1.5~2 倍。

第二循環：等待一段時間後，從日線的 KD 指標中，發現 110/02/01 時，K 值最低形成反曲點，並於 110/02/17，K 線突破 13 日均線，買入價位為 83.5 元。

六合神功祕笈：第二次加碼以上次買入點的紅 K 線最低點為支撐，所以第二次買入點在 81 元附近。於 110/10/04 時，K 值達到最低點，為第三次反曲點。之後觀察 K 線於 110/11/16 時，跌破 13 日均線，之後的反彈無法再站上 13 日均線，賣出持股，賣出股價為 240 元，獲利約 2.5～3 倍。

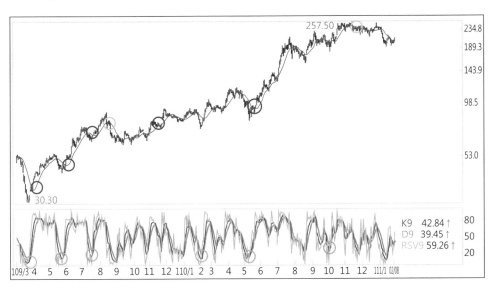

・3218 大學光

　　以大學光的日線圖來說明，我們同樣是運用一飛沖天型的三次法則方法來操作此飆股，先把移動平均線設定為 13 的天數，爾後在 109/03/19 當日 K 線來到最低點且 KD 值的負乖離為最大，因此這一天可以視為可能的反曲點，數日後在 109/03/26 確定站上均線之後開始買進，買進價格約在 61 元附近。

　　第二次反曲點的時間點發生在 109/07/20，但當下沒辦法馬上確定此型態的成立，一般投資人可以在 30 日股價站上均線的時候加碼買進；109/11/02 則為第三次的反曲點，已滿足三次法則，最後我們在 109/12/07 賣出持股，價格約 280 元附近，獲利約 4.5 倍。

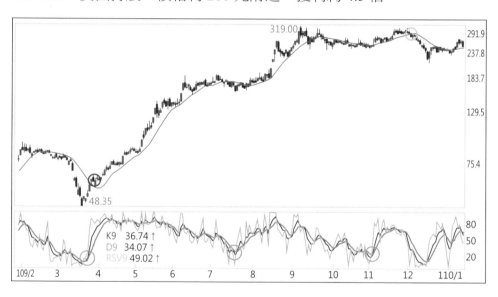

・3374 精材

　　觀察精材的日線圖後，可以發現在 109/03/19 時 K 值為最低，形成反曲點，然後於 109/03/31 確定 K 線突破 13 日均線站穩，視為買入點，價格為 58 元。於 109/07/17 時，K 線跌破 13 日均線，視為賣出訊號，隔幾日都無法站上 13 日均線，賣出持股，賣出價位為 127 元。獲利約 2.5 倍

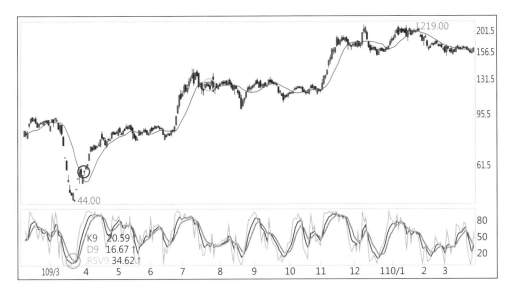

・3491 昇達科

110/08/20 一飛沖天的訊號出現，即 KD 指標中的 K 值和 D 值差距最大化的時候，即開始關注，等到 110/08/27 股價突破 13 日均線就買進，價格約 69 元買進，一直持有至股價第三次跌破 13 日均線，即111/01/06，賣在 209 元，獲利約為 3 倍。

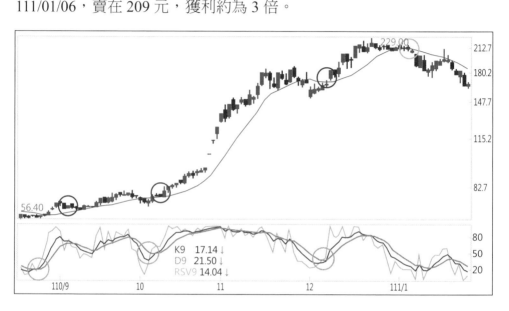

・4171 瑞基

　　109/03/26 趨勢線突破，紅棒站上 13 日均線，加上疫情利空不跌，有疫情題材，生技族群齊漲，這時候符合六合神功一飛沖天，高槓桿融資買進，於 195 元附近先出一部分，成本收回，因為 200 是個整數關卡，之後回檔為波浪理論的第二波，109/04/30 再高槓桿買進 120 元附近。一直持有到第三波 300 附近賣出，於下一波低點用低槓桿買進，然後於 109/06/16 的 K 值二度背離，跌破 D 值為賣出訊號，出脫全部持股，價格約為 400 元。

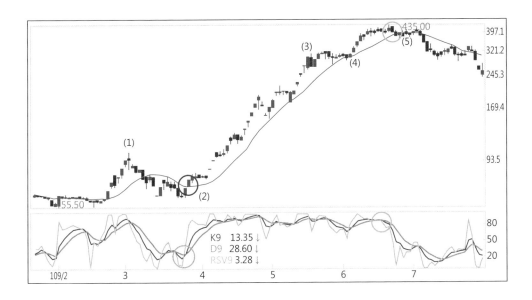

・4743 合一

　　在 109/03/19 發現符合 KD 指標一飛沖天型，故開始關注，直到 109/03/26 突破 13 日均線做買進，價格 24.5 元，之後一路飆漲，109/04/16 開始連續三天四價合一，而 RSV 也連續三天 100，此為大飆漲訊號，之後 109/05/20 的股價和 K 值同時達到高點 98.56，於 109/06/10 的股價創新高，而 K 值＝98.02，此為一次背離，之後股價仍持續上漲。到 109/07/09 股價創新高，但是 K 值卻往下到 94.72，此為二次背離，隔天 109/07/10 股票全部出清，出在 420 元。

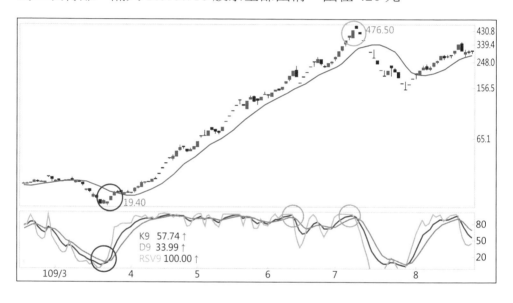

・6116 彩晶

彩晶的 KD 值從 110/03 月初開始由底部一直往上揚,直到 110/03/29 的 RSV 指標第一次來到了 100,可以把這一天的 K 棒當作支撐點,爾後只要沒跌破就可以進場買進,因此我們在 03/30-31 號都有買進,價格約在 15.5 元附近。

在 110/04/16 當日,KD 指標的 K 值往下降來到 76,未跌破 75。隨後股價又開始飆漲,因此可以運用我們 KD 指標的六合神功技術,來到高檔產生鈍化後 K 值沒跌破 75 又續攻可以再次加碼,這次的買進價格約落在 19 元附近,最後在 110/05/04 當天賣出,價格約在 24.5 元,兩段的獲利各為 1.5 與 1.2 倍。

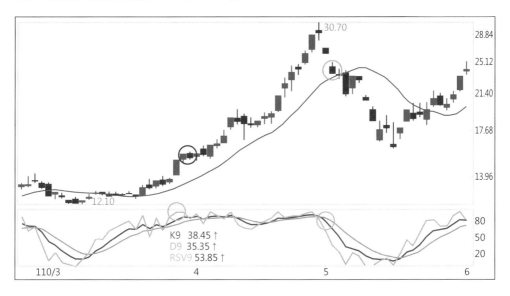

·6165 浪凡

　　以浪凡的日線 KD 技術分析，於 109/03/19 時，K 值為最低，形成反曲點，並且於 109/03/25 一根紅 K 棒突破 13 日均線，此為買入訊號，買入價位為 17.7 元。之後在 109/10/15 時，K 棒跌破 13 日均線後幾日無法站上 13 日均線。賣出價位為 77 元，獲利約為 4.3 倍。

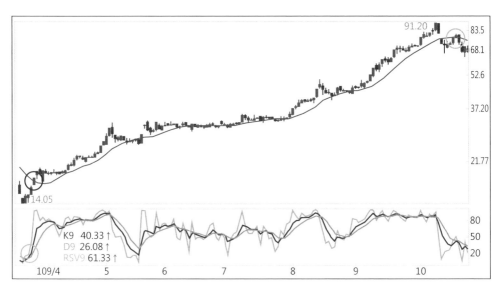

・6278 台表科

　　從台表科的日線 KD 指標分析，於 109/03/19 的 K 值到達最低為反曲點，並且於 109/03/26 突破 13 日均線，視為買進點，買進價格為 70 元，109/03/30 回測 13 日均線，小破騙線之後拉回，第二次買進點。買入點 67 元。而後於 109/07/24 時， K 線向下灌破 13 日均線，為賣出訊號。此時的賣出點為 135 元，過幾日無法站回 13 日均線，出脫手中持股。獲利約為 2 倍。

‧6533 晶心科

　　以晶心科的日線圖來說明，我們是運用 KD 一飛沖天型三次法則的技巧來操作這支股票。此股票與先前提到的買進時機點有點不太一樣，先前的股票很多是在發生第一次反曲點的時候就已經買進，不過這一支是在發生第二次反曲點（109/10/28）之後，在 109/11/06 站上 13 日均線時才開始買進，第一次反曲點在 109/08/20，最後買進價格約在 160 元附近。

　　時間來到 109/12/16，為第三次的反曲點發生，投資人在 12 月底看到股價站上均線的時候可以放心持有股票，等待爾後在 110/04/16 股價跌破均線又站不上去的時候賣出，價格約在 550 元附近，獲利約 3.4 倍。

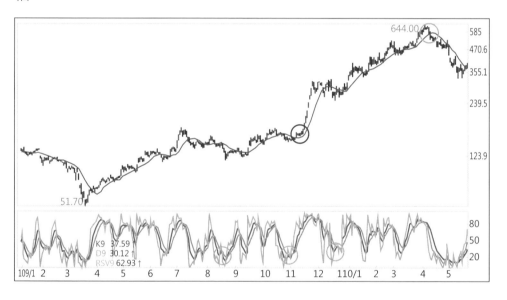

• 8454 富邦媒

根據富邦媒的日線圖觀察，於 109/03/16 時 KD 值差距最大，然後 109/03/25 的 K 線突破 13 日均線時為買進點，此時股價為 335 元。隔兩天回測 13 日均線，未破或小破後拉回可視為加碼點。最後，在 109/07/17 時 13 日均線向下彎，此時 K 線跌破 13 日均線，賣出持股。賣出價位為 750 元。

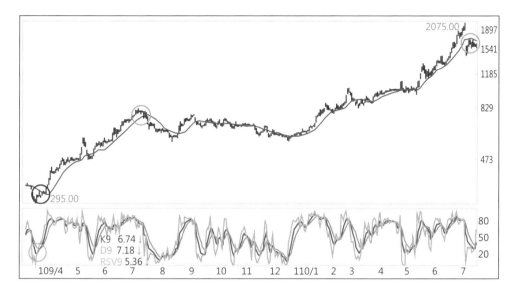

第八章

中長線的飆馬祕笈：
指數平滑移動平均線（MACD）

　　MACD 的全名為 Moving Average Convergenceand Divergence，中文又稱指數平滑移動平均線，是 Gerald Appel 在 1979 年所提出的分析指標，根據移動平均線的優點發展出來的技術分析工具，利用兩條不同速度（長期與中期）的指數平滑移動平均線（Exponential Moving Average，EMA）來計算兩者之間的差離狀況，用以研判行情買賣的時機。MACD 搭配日線或週線使用最佳。

　　EMA 算是我們平常在軟體使用 SMA（簡單移動平均線）的另外一種平均線，差別在於計算方式的不同。簡單來說，就是越近期的 K 棒將給予更高的權重，越遠的就以指數式下降，因此 EMA 會比 SMA 更快速的反應行情的轉折，但相對也比較容易誤判。

　　以移動平均線的特性而言，在一段真正持續的漲勢中，該商品價格的快速（短期）移動平均線與慢速（長期）移動平均線間的距離必將愈拉愈遠（即兩者之間的乖離愈來愈大）。漲勢若是趨於緩慢，則兩者之間的距離也必然縮小，甚至互相交叉。同樣的，在持續跌勢中，快速線在慢速線之下，互相之間的距離也愈拉愈遠。

　　MACD，一般而言，是用 12 日與 26 日平滑移動平均線，兩條不同移動平均值的差稱為差離值（DIF），然後以 DIF 平均後得出 MACD 值，形成兩條線，兩數值相減標示為 D-M、bar、OSC，以其相交作為買賣訊號。其計算方式如下：

以 9 日為週期

$$今日\,EMA_{12} = \frac{EMA_{12}(昨日) \times 11 + 收盤價(今日) \times 2}{13}$$

$$今日\,EMA_{26} = \frac{EMA_{26}(昨日) \times 25 + 收盤價(今日) \times 2}{27}$$

$$DIF\,差離值 = EMA_{12}\text{-}EMA_{26}$$

假設採用 9 天平均值

$$第一個\,MACD = \frac{DIF_1 + DIF_2 + \cdots + DIF_9}{9}$$

其他 MACD 計算

$$今日\,MACD_9 = \frac{MACD(昨日) \times 8 + DIF(今日) \times 2}{10}$$

$$差離柱線(BAR) = DIF - MACD$$

1 MACD 的買賣研判技巧

❶ 從交叉研判買賣

（1）DIF 由下往上突破 MACD 且 D-M 由負轉正，為買進的信號。

（2）DIF 由上往下跌破 MACD 且 D-M 由正轉負，為賣出的信號。

❷ MACD 與股價走勢背離的研判

（1）當股價一波比一波高，但 MACD 卻一波峰比一波峰低，發生負背離現象，顯示股價將要反轉，為賣出時機。

（2）當股價一波比一波低，但 MACD 卻一波谷比一波谷高，發生正背離現象，顯示股價將要反轉，為買進時機。

❸ 大漲與大跌的研判

（1）**大跌**：高檔二次向下交叉。

（2）**大漲**：低檔二次向上交叉。

❹ 從位置研判買賣

（1）DIF 與 MACD 兩者都位於零軸線之上，市場趨向為牛市；反之，兩者都位於零軸線之下，則市場趨向為熊市。

（2）DIF 向上突破 MACD 為買進訊號。若是在零軸線上交叉往上，為多頭行情；若是在零軸下交叉往上，為反彈行情。

（3）DIF 向下跌破 MACD 為賣出訊號。若是在零軸線下交叉往下，為空頭行情；若是在零軸上交叉向下，為回檔行情。

2 六合神功在 MACD 的操作祕笈

1. 當 DIF 與 MACD 都在零軸上時，DIF 往上突破 MACD（黃金交叉），為多頭買進訊號，投資者可進場作多。

2. 當 DIF 與 MACD 都在零軸上時，DIF 往下跌破 MACD，為回檔訊號，投資者應短線賣出持股，等到有買進訊號時再作回補。

3. 當 DIF 與 MACD 都在零軸下時，DIF 往上突破 MACD，為反彈訊號，投資者可進場搶反彈，但動作迅速、手腳要快，或在反彈滿足點，應賣出持股。

4. 當 DIF 與 MACD 都在零軸下時，DIF 往下跌破 MACD（死亡交叉），為空頭賣出訊號，股價即將大跌，投資者可進場作空。

5. 當 D-M 創上一波 D-M 新高時，暗示其將出現頭部或其為軋空中繼站。因為 D-M 突破上次新高，表示確定突破壓力，因此突破當日的 K 線最低點即變為支撐，若支撐不破，則後勢將繼續軋空上漲；若跌破支撐，後勢轉弱，形成頭部。

6. 當 D-M 創上一波 D-M 新低時，暗示其將出現底部或其為暴跌中繼站。因為 D-M 跌破上次新低，表示確定跌破支撐，因此跌破當日的 K 線最高點即變為壓力，若壓力不過，則後勢將繼續爆跌；若突破壓力，後勢轉強，形成底部。

7. 當 D-M（BAR）在零軸下打第二個底並 BAR 縮腳時（BAR 零軸下出現最長後縮短，一般以白色為主），此為第一買點，投資者可在此建立基本持股，等到有明確買進訊號出現後，再加碼買進。

8. 當 D-M（BAR）在零軸上作第二個頂並 BAR 縮頭時（BAR 零軸上出現最長後縮短，一般以紅色為主），此為第一賣點，投資者可在此將短線股票賣出，日後若有明確賣出訊號出現時，則應出脫手中持股。

9. DIF 的祕笈，DIF 有領先的作用，當 DIF 創新高（天價）時，而後股價將是回升行情，趨勢將由下跌反轉為上漲；若 DIF 沒有創新高，只是反彈行情。

10. 反之，當 DIF 創新低時，而後股價將是回跌行情，趨勢將由上漲反轉為下跌；若 DIF 沒有創新低，只是回檔行情。

11. DIF 有背離現象，意思是 DIF 可能與股價形成背離，當股價持續上漲，但是 DIF 已經開始轉弱即為背離。

12. DIF 也適用於趨勢，可以利用 BAR 的高點畫出波段的趨勢線。

13. MACD 祕笈：哈麥兩齒，當 MACD 的 BAR 出現兩天負值（白色的 BAR），然後就翻紅，就如同哈麥兩齒一樣，表示股價可能會開始下一波段的爬升。

3 MACD 的優點

❶ 確認大盤漲跌趨勢

先得知 DIF 線波段的高低點後，再以 DIF 線與 MACD 線交叉點來確認大盤指數波段的高低點，屬於漲勢或跌勢之形成，就能充分掌握一段多頭或空頭行情，不致有所失誤，故 MACD 在測試股市主要趨勢走向，實為一個相當良好之分析工具。

❷ 提高移動平均線應用功能

MACD 可以研判移動平均線頻頻出現假突破的買賣點，減少被騙的機率及無益的交易次數而提高獲利能力。

❸ 加重近期資料重要性

MACD 的原理與一般移動平均線的差異，主要為 MACD 所應用的指數平滑移動平均線（EMA），有加權最近一日的大盤指數收盤價所佔比例，使其權值最大，而一般移動平均線沒有加權。

4 MACD 的操作範例

・2409 友達

109/11/29 當週 MACD 在零軸上黃金交叉，此為買進訊號，隔天 109/12/01 長紅突破整理區間買進，直到 110/04/29 那根高檔長黑線，要注意，表示盤勢有可能會反轉，隔天 110/05/30 的 MACD 柱狀體收縮即出清持股在 31 元以上，持股成本 13.5 元，出場價位 31 元，獲利 2.3 倍。

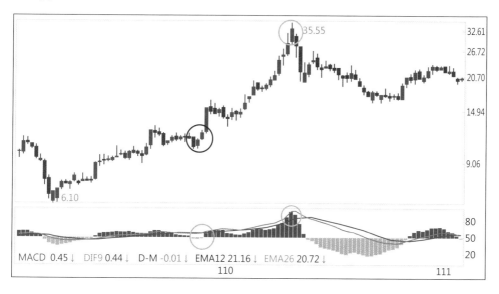

・3035 智原

　　110/03/24 及 110/03/25 兩天會發現 MACD 在這兩天呈現負數（左下方白色圈），出現長紅 K 線且 MACD 轉正數，隨即現股買進。後來觀察股價在疫情消息面於 110/05/03 時從高點回跌，預測這波恐慌下殺行情低點會出現在 "哈麥兩齒" 的股價（51 點）附近，如有額外資金可以等待時機（隔日 DIF 縮腳或其他指標的買進訊號）買入。於 110/05/25，開盤出現跳空，此時將現股轉融資。

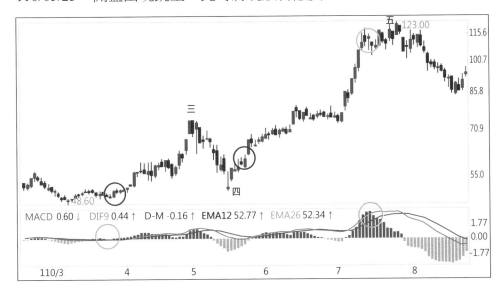

　　配合波浪理論，第五波 MACD 柱狀體開始縮腳即賣出，110/07/15 賣在 108 元。

到 110/10/07，當天漲停收盤 118.5 元，MACD 此日於零軸上交叉，故於此日進場，買在 115 元，隔日 10/8 跳空往上開盤 121 元，再進場加碼，當天要大量買進，直到 110/12/27 的 MACD 柱狀體開始縮腳，隔天 110/12/28 出清持股，賣在 243 元。

・3666 光耀

　　首先以光耀的日線圖來說明，光耀單純是運用 MACD 尋找一根黑柱狀體的方法來操作。DIF 線－MACD 線＝柱狀體，當柱狀體前面都是紅色之後，接著出現 1〜3 根黑棒又翻紅的時候，為買進訊號，因此在 109/07/22 的時候買進，買進價格約落在 17 元附近。於 109/08/25 又出現一次相同的指標，這時候將股票由現股轉融資。

由於 MACD 相較於其它技術指標來說，比較適合偏向中長線的方式來操作，因此把日線圖改為週線圖來觀察，搭配著波浪理論一起來運用，買進的時機點位在第三波浪的起始點附近，因此等待至第五波浪都走完的時候再賣出即可。最後我們在 109/12/22 當週看到 MACD 的柱狀體開始縮腳的時候賣出，價格約在 80 元附近，獲利約 4.7 倍。

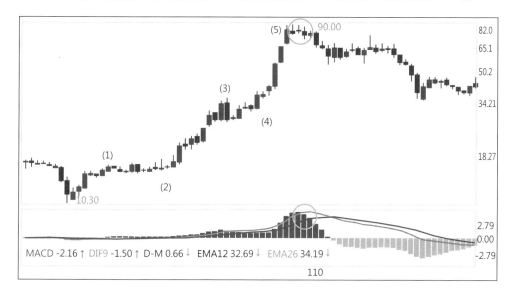

・4968 立積

　　首先以立積的日線圖來說明，我們從民國 109 年～110 年在立積的
股票上共操作了兩次的大波段。第一次是單純運用 MACD 的原理買
進，DIF 線－MACD 線＝柱狀體，當柱狀體前面都是紅色之後，接著
出現 1～3 根黑棒又翻紅的時候，視為一個買進訊號，因此我們在
109/06/24 的時候做一次買進，價格約落在 175 元附近。

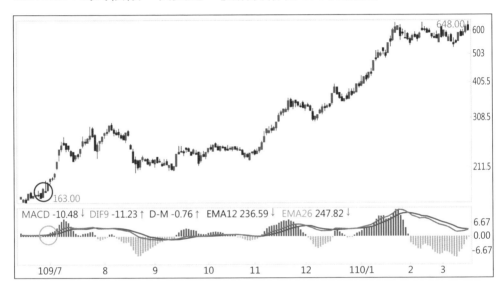

由於 MACD 相較於其他技術指標來說，比較適合偏向中長線的方式來操作，因此把日線圖改為週線圖來觀察，搭配著波浪理論一起來運用，我們買進的時機點已經位於差不多第三波浪的中間段附近，因此等待至第五波浪都走完的時候再賣出即可。最後我們在 110/02/01 當週看到 MACD 的柱狀體開始縮腳的時候賣出，價格約在 560 元附近，獲利約 3.2 倍。

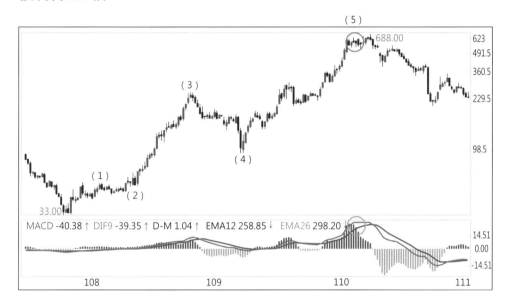

・6477 安集

　　安集因為綠能題材持續關注，發現 5/19 及 5/20 連兩天 MACD 產生兩個負數值，依六合神功 MACD 指標祕笈 "哈麥兩齒"，買入均價為 20 元，之後 109/05/21 長紅突破整理，MACD 零軸上黃金交叉此也為一個買進確認訊號。於 109/12/30 個股高點產生，但 Bar 值背離並縮頭（減少），為賣出訊號。平均賣出價為 70 元。

‧6491 晶碩

109/06/01 的時候一根長紅線突破，這天的 MACD 在零軸以上交叉買進，進場價格在 136 元，然後我們根據波浪理論推估高點，在第五波末升段的時候賣出。在 MACD 指標中，DIF 跌破 MACD 死亡交叉處，110/06/30 賣出，價格 610 元。

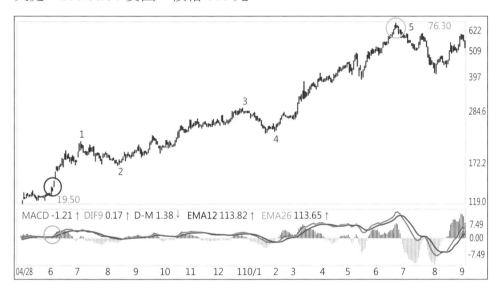

‧ 6547 高端疫苗

　　以高端疫苗的日線圖來說明，我們運用 MACD 尋找三根黑柱狀體的方法操作此股。DIF 線－MACD 線＝柱狀體，當柱狀體前面都是紅色之後，接著出現 1～3 根黑棒又翻紅的時候為一個買進訊號，因此我們在 110/01/20 看到訊號之後開始買進，價格約落在 106 元附近。

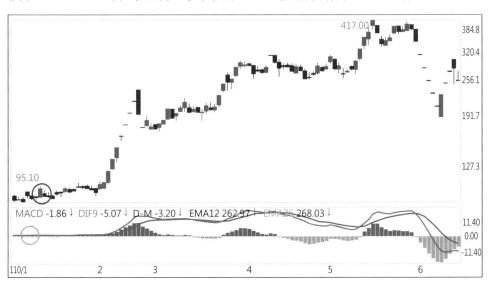

140

由於 MACD 相較於其他技術指標來說，比較適合偏向中長線的方式來操作，因此把日線圖改為週線圖來觀察，搭配著波浪理論一起來運用，買進的時機點位在第五波浪的起始點附近，因此等待至第五波浪都走完的時候再賣出即可。比較不一樣的是股票在第五波發生了擴延波，因此有機會獲得比預期更大的獲利。最後等待擴延波五波也走完時，110/05/31 當週看到 MACD 的柱狀體大幅縮腳的時候賣出，價格約在 360 元附近，獲利約 3.3 倍。

第九章

研判股價趨勢方向：趨勢指標（DMI）

DMI 指標（趨勢指標）與前述介紹的 RSI 指標一樣，都是由美國的技術分析大師威爾德（J.Welles Wilder）在 1978 年所發明的，英文的全名為 Directional Movement Indicator，中文又稱作為動向指標或趨勢指標。顧名思義，就是用來判斷目前趨勢多空的指標，適用於較中長期的分析，如果運用在短線時常的進進出出，可能會因為許多騙線而遭受損失，是威爾德本人和許多投資人都熱愛的分析工具。

DMI 趨勢指標從字面上來看，既然有「趨勢」兩字，表示我們可以從該指標中來研判現在股市的趨勢，還能透過它來判斷頭部確認、底部完成的訊號，可以說趨勢指標是研判多、空走勢的最好指標，是一種能判斷價格波動的方向和動能強弱的分析指標。

1 DMI 的基本原理

趨勢指標為威爾德分析系統的另外一套骨幹，它的基本原理是探求價格在上升或下跌的過程中的「均衡點」，亦即供需關係由「緊張」狀況透過價格的變化而達致「和諧」，然後在因價格供需的互為影響下，再導致「緊張」的循環不息過程，只要投資人能學會書中的技巧，相信一定能為你產生不少的收穫。

DMI 的計算方法相對於其他指標來說，是相當複雜的，幸運的是在如今資訊發達的年代，投資人並不需要花太多時間在計算上面，只要透過看盤軟體就能馬上知曉了。但重點並不是如何把趨勢指標算出來，而是要學會如何使用它，才能了解其中的意義所在。

DMI 趨勢指標是由 4 條線所構成，分別為＋DI（正向指標）、－DI（負向指標）、ADX（平均方向指數）及 ADXR（平均方向指數評估）四個，並且這四個方向線都是在 0 與 100 間波動。一般來說，筆者建議使用 14 日的參數來研判最為準確，因此以下所介紹的趨勢指標全都是 14 日的參數：

❶ ＋DI（Positive Direction Indicator）：

即買盤的強度，真正之價格在 14 天「往上」移動了多少百分比。

❷ －DI（Negative Direction Indicator）：

即賣盤的強度，真正之價格在 14 天「往下」移動了多少百分比。

❸ ADX（Average Directional Indicator）：

即趨勢的強度，平均 14 天的真正價格範圍，也就是方向線的平均指數，並作為主要的輔助工具。

❹ ADXR（Average Directional Indicator Rating）：

即 ADX 的移動平均，它是將當日的 ADX 數值與 14 天前的 ADX 相加除以 2 得出來的。

其上所解釋的四個方向線的計算公式如下：

※ 指標數據：
　　H：當日最高價
　　L：當日最低價
　　PH：前日最高價
　　PL：前日最低價
　　PC：前日收盤價
　　TR：真實波幅值
　　＋DI（正趨向變動值）＝ H－PH（只取正值，若為負數則設為 0）
　　－DI（負趨向變動值）＝ L－PL（只取正值，若為負數則設為 0）
　　同日兩數值相比，較小者設定為 0，兩數相同則皆設為 0

RT 真正波幅＝ H、L、PC 三者間最高價減去最低價

$$+DI = \frac{+DM}{TR} \times 100$$

$$-DI = \frac{-DM}{TR} \times 100$$

$$ADXR = \frac{ADX + 14\ 日前\ ADX}{2}$$

$$ADX = \frac{|(+DI)-(-DI)|}{(+DI)+(-DI)}$$

2 DMI 的買賣研判技巧

1. 若＋DI 及－DI 兩者交叉後，且＋DI 在上，－DI 在下，顯示市場內部有新的多頭進場，願意以較高的價格買進，所以趨勢轉多；若＋DI 及－DI 兩者交叉後，且－DI 在上，＋DI 在下，顯示市場內部有新的空頭進場，以較低的價格賣出，所以趨勢轉空。

2. 若－DI 在上，＋DI 在下，當 ADX 線攀升高於－DI 且反轉向下時，則表示趨勢即將反轉，底部已距離不遠了；反之，若＋DI 在上，－DI 在下，當 ADX 線攀升高於＋DI 且反轉向下時，則表示趨勢即將反轉，頭部已距離不遠了。

3. 當 ADXR 小於 20 時，這表示市場將有所轉變，而當 ADXR 大於或高於 25 時，則均衡點會拉開，趨勢會向一方偏移，呈現多頭或空頭趨勢。

4. ADXR 是 ADX 的評估數據，其波動的方法是以「比例數」的形式波動，但較 ADX 的移動平緩，其作用在於提醒投資人採取最後的及時行動。若 ADX 亦隨之與 ADXR 相交叉，就表示這是最後一個買進或賣出的訊號，隨後而來的漲勢或跌勢將會較

大，因此，若不及時採取行動，投資人便會懊悔不及。

5. 不論是＋DI 在上，－DI 在下或者－DI 在上，＋DI 在下，只要 ADX 線往下，就告訴我們此為盤整盤，投資者應採取高出低進的逆勢操作原則。

6. ADX 線的上升角度越陡時，股價上漲或下跌的力道就會越強。

7. ADX 向上，顯示先前出現的趨勢動力已經頗強，短期漲勢已急。

3 六合神功在 DMI 的操作祕笈

1. 若＋DI 在上，－DI 在下，當 ADX 線攀升高於－DI 且 ADX 大於 20 時，六合神功的祕笈告訴我們，該趨勢已由空轉多，投資者應順勢操作全力作多，買進股票。

2. 若－DI 在上，＋DI 在下，當 ADX 線攀升高於＋DI 且 ADX 大於 20 時，六合神功的祕笈告訴我們，該趨勢已由多轉空，投資者可在此順勢操作融券放空。

3. 若＋DI 在上，－DI 在下，當 ADX 曲線在－DI 下方往上突破 ADXR 曲線時，六合神功的祕笈告訴我們，這是作多的最後買點，投資者可在此逢低建立基本持股。

4. 若－DI 在上，＋DI 在下，當 ADX 曲線在＋DI 下方往上突破 ADXR 曲線時，六合神功的祕笈告訴我們，這是作空的最後空點，投資者可在此建立空方基本部位。

5. ADX 曲線上之各點的幅距是以其橫座標間的垂直距離來衡量。此外，ADX 之曲線的峰頂與谷底均是在表明方向的改變。亦言之，若大趨勢是往下的，則峰頂將會是最高價；反之，若大趨勢是往上的，則谷底將會是最低價。

6. ADX 曲線幅距越高（或越大），則該方向（不管是往上還是往下）的趨向移動就愈高，且大趨勢的走向就愈明顯。此外，峰

頂與谷底間的距離越大，則趨勢的反轉力量就越大，而若趨勢的反轉大且持久，則順勢操作的祕訣將會大有斬獲，亦即不管是由多頭反轉為空頭或由空頭反轉為多頭，只要反轉的力量大且持久，則順勢祕訣將能使投資人獲利良多。

7. 多頭市場：DMI 的 ADX 由上漲反轉下跌，表示股價漲勢將結束；空頭市場：DMI 的 ADX 由下跌反轉上漲，表示股價跌勢將結束。

8. 當 ADX 大於 75 以上，上升趨勢（或下跌趨勢）股價將容易反轉。

9. DMI 二度背離原理：當 DMI 在股價底部區產生了黃金交叉，若股價在之後的時間點發生了兩次背離原理，那麼即表示賣出的訊號出現。

4 DMI 的優點

1. ＋DI 線與－DI 線的交叉訊號容易理解且清晰，使用客觀數據化的數字即能買進或賣出。

2. DMI 可看出多空買賣雙方力道的強弱，可判斷行情處於多頭、空頭還是盤整的階段，因 DMI 是用來研判股價的趨勢，所以較適合中長期投資者來做買賣的研判。

5 DMI 的操作範例

‧2038 海光

依海光的日線圖所觀察，於 109/11/19，ADX 突破 ADXR 及 −DI，形成最後買點，買入股價為 10.5 元。賣出時的訊號，依 ADX 為趨勢指標，當其往下彎形成與價格背離的情況，如出現兩次背離，表示賣出訊號。於 110/07/06 賣出 60 元。

・2417 圓剛

　　因為 COVID–19 的影響，遠距離視訊需求的題材，圓剛的週 DMI 的 ADX 在 109/04/30 那週開始向上，ADX 往上突破－DI，要開始注意並少量買進（平均 12.5 元），等到 6/4 那天突破前波高點（5/22 的高點 14.6 元），109/06/05 開始大量買進，並使用高槓桿融資，等到週 DMI 的 ADX 往下的那週 109/09/18 賣出，價格為 65 元。

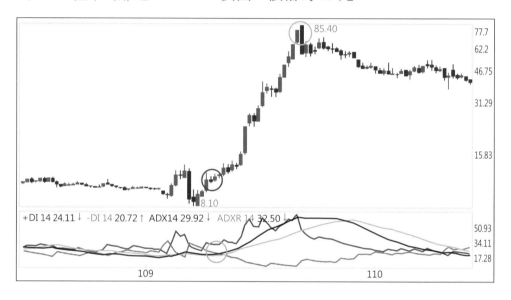

· 2605 新興

以新興的日線來說明，此股票是運用 DMI 黃金交叉後二度背離原理的方法來操作此股，我們在 109/11/16 日產生了買進訊號開始買進，價格約 14.9 元附近。買進之後就以長抱股票的方式操作，在同年的 5 月初股價相較於前面來說創新高價，但此時可以看到 DMI 指標的 ADX 趨勢線卻產生了背離的情形，此處為第一次的背離，一般投資人也可以在此處當作是賣出的時機點。

時間隨後來到了 110/07/05 股價相嚼於前面來說又突破了新高，但此時的 ADX 趨勢線的波峰又再一次產生了背離，此處已經為滿足二次法則的第二次背離，最後在 110/07/06 看到 ADX 線往下反轉的時候賣出股票，價格約在 48 元附近，獲利約 3.2 倍。

・3141 晶宏

109/11/09 進場，這天 DMI 產生最後買點，買入價位 31 元，之後於 ADX 二次背離往下彎曲的時候賣出，110/11/25 日賣出價位 250 元。獲利約為 8 倍。

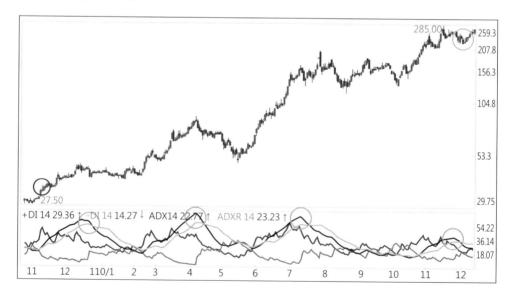

・3138 耀登

109/12/14 的 DMI 指標的＋DI 往上及－DI 往下形成開口，且 ADX 往上揚，故 109/12/14 進場買進，價格為 98 元附近。從 111/01/27 到 110/03/09，ADX 跟 ADXR 都一直糾結，等到 110/03/10 當天，ADX 正式和 ADXR 死亡交叉，隔天 3/11 即出清持股，賣在 470 元附近。獲利約為 4.5 倍。

・3293 鈊象

依鈊象的日線圖來看，於 108/12/30 ADX 同日突破 ADXR 與－DI，可視為最後買進訊號，買入股價為 385 元附近。之後觀察 ADX，於 109/07/14 出現第二次 ADX 高點背離，股價不漲為賣出訊號，賣出點為 830 元附近。

·3305 昇貿

　　依昇貿的日線圖來看，於 109/08/12 ADX 同日突破 ADXR 與－DI，可視為最後買進訊號，買入股價為 21 元附近。之後觀察 ADX，於 109/11/18 又再次出現 DMI 買進訊號，轉融資加碼於 25.3 點附近，最後於 110/04/09 出現第二次 ADX 高點背離，股價不漲為賣出訊號，賣出點為 50 元附近。

· 3374 精材

　　由精材的日線圖來看，於 108/10/23，ADX 同日突破 ADXR 與 − DI，在這天買入價位為 53 元附近，之後在 109/03/06 時，ADX 處於低點，但是股價還在相對高點，跟趨勢背離，於 92 元賣出持股。此時剛好遇到全球 COVID–19 疫情影響，進入跌勢，抱住現金，等待下一波行情。

　　於 109/06/24 時，ADX 同日突破 ADXR 與 − DI，在這天買入價位為 100 元附近，然後於 109/11/25 出現第二次 DMI 技術指標背離，賣出持股 180 元。獲利約為 2.5 倍。

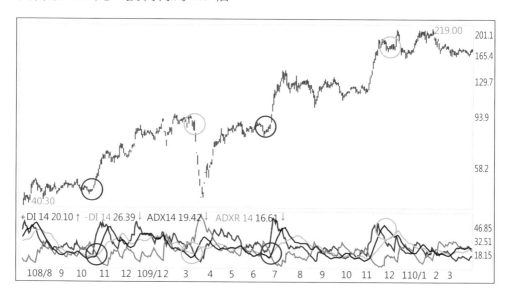

‧ 3481 群創

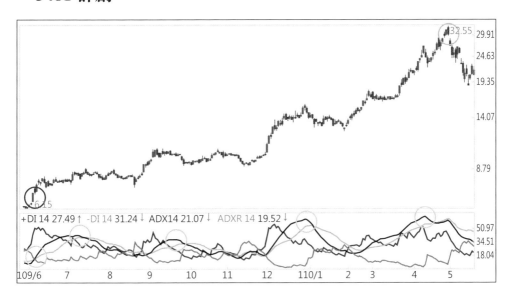

    109/06/04，依六合神功 DMI 祕笈，於當日 ADX 同日突破 ADXR 及－DI，以當天一根長紅棒進場，買進價格 6.8 元。當天 DMI 開口放大，ADX 向上彎曲維持續漲趨勢。依 DMI 指標在尋求 ADX 背離的過程中，此股已達形態學的滿足高點，出現兩日孤島，於是在 110/05/03 賣出持股。

‧ 3508 位速

110/10/29，當週 DMI 的 ADX 突破 ADXR 與 −DI，此為買進訊號，因此進場買進，成本 26 元。

待 ADX 產生二度背離時，為賣出訊號；110/01/03 時 ADX 第二次上彎，等隔日下彎後出脫持股。賣出平均價格為 68 元。

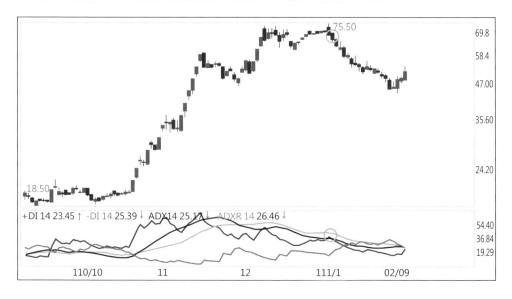

‧4128 中天

　　由中天的日線圖分析 DMI 指標，於 109/04/16 ADX 突破 ADXR，
買入股價 16.65 元。祕笈：當 ADX 大於 70 後，趨勢容易出現反轉，
所以在 109/07/07 開始分批將股票賣出。賣出點 132、145、158 元。獲
利約為 8.5 倍。

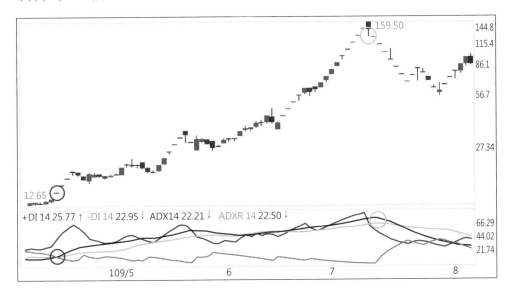

・4961 天鈺

109/11/18，一根長紅棒突破整理，且 ADX 突破 ADXR 及－DI，此為最後買點，買入價格在 38 元附近。當 ADX 二度背離，於 110/04/14 賣出，賣在 350 元附近。

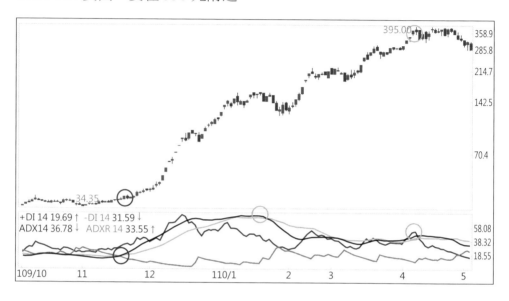

• 6104 創惟

以創惟的日線圖來說明，我們是運用 DMI 黃金交叉後二度背離原理的方法來操作此股。在 110/07/02 產生了買進訊號，因此開始買進，價格約落在 71 元附近。買進之後就以長抱股票的方式操作，在 110/09/06 股價相較於前面來說創新高價，但此時可以看到 DMI 指標的 ADX 趨勢線卻產生了背離的情形，此處為第一次的背離，一般投資人可以在此處當作是賣出的時機點。

隨後時間來到了 110/09/27，股價又再一次的來到前高附近的位置，但此時的 ADX 趨勢線的波峰又再一次產生了背離，此處已經為滿足二次法則的第二次背離，因此在當日價格約在 145 元附近賣出，獲利約 2 倍。

· 6116 彩晶

以彩晶的日線圖來說明，在 110/03/26 日當天 DMI 技術指標出現了 ADX、ADXR、−DI 三條線的黃金交叉，也就是我們俗稱的最後買點價位（意思是投資者在不進場的話，將可能會錯過一段不小的行情），因此我們在這裡買進，價格約落在 13.7 元附近。

這支股票跟其他同樣運用 DMI 方式來操作股票的有點不同，由於在持有股票的期間看到此股的基本面已經開始轉壞，因此在 110/05/04 當 ADX 線往下反轉的時候就先賣出，價格約在 24 元附近，獲利約 1.7 倍。

第十章

角度線尋找黑馬股

角度線，僅適用於半對數股價日線及週線圖，任取一點波段最高點或最低點，以其為圓心，畫出各種角度，以衡量其漲跌的強度。

1 角度線的意義

股價反應在平面座標上受時間限制，不管漲跌均在一定範圍內，那就是正 80 度及負 80 度以內。而依其強弱可區分為 75 度、65 度、45 度及 30 度四種，其在股價漲跌所代表的意義如下：

❶ 上漲：

（1）75 度為「超強趨勢」

（2）65 度為「強勢」

（3）45 度為「正常趨勢」。超強趨勢或強勢的回檔可在此酌接（最好配合指標及公式）

（4）30 度為「弱勢」。對 45 度以上上漲的股價而言，是一條原始支撐線，漲勢初期出現回檔，可在此大膽承接，但漲勢末期頭部形成跌破此線（尤其是第三次），持股一定要賣出，空手可在此放空。

❷ 下跌：

（1）75 度為「最弱勢」

（2）65 度為「弱勢」

（3）45 度為「一般趨勢」。最弱勢及弱勢的反彈突破此線站穩（未再跌破突破點價），可配合公式在此介入搶反彈。

（4）30 度為「最大壓力線」，又稱空方線，任何回檔或跌勢的股票一定突破此線並站穩（未再跌破突破點價）才能再轉好，跌勢末期的突破此線站穩可大膽買進。

2 如何利用取圓心來畫角度線

❶ 漲

反轉上漲連續兩根紅線（最好為長紅）的第一根紅線的最低價，每一波幅均可取點，但以原始部的第一圓心所畫的時效最具關鍵。

❷ 跌

反轉下跌頭部最高價，每一波幅均可取點，但以原始頭部的第一圓心所畫的時效最具關鍵。

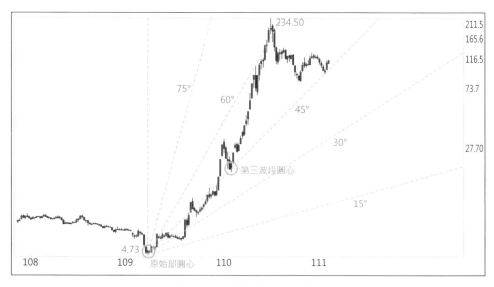

圖 10-1　以原始部圓心畫角度線
資料來源：作者整理

3 如何運用角度線來操作

❶ 由 30 度角度線為支撐或壓力尋找買賣點

（1）股價由下跌轉向上突破 30 度時買進，但隨時留意突破點價是否再跌破收盤，以作為是否賣出之參考，防止假突破騙線；或待突破 30 度站穩（未再跌破突破點價）時買進。

（2）股價由上漲轉向下跌破 30 度（近期底部所畫）時持股一定賣出，空手打空（融券），但隨時留意跌破點價是否再突破，以作為是否再補進之參考，防止假跌破騙線；或待跌破 30 度，無法再回跌破點時融券放空或者賣出。

❷ 由角度線找黑馬股及測量其天價

拿出 K 線週線圖（半對數圖），尋找有由跌轉盤、做底、盤上的線形。

（1）由盤跌前的最高價向右下方畫出 45 度，凡具黑馬的股票通常其做底的最低價（或最低價的那根週線）會與這條 45 度交會。

（2）會由這條 45 度的最低價（或與 45 度相交的最後一根週線）向上畫垂直線 A 線。

（3）由盤跌前的最高價向右上方畫出 45 度、60 度線及 70 度線，分別與 A 線相交點為 X（45 度）及 Y（60 度）、Z（70 度）。

（4）發覺黑馬股後，由盤跌前的最高價向右下方畫出 30 度，待股價突破該線站穩第一次買進。股價突破盤跌前的最高價站穩時，再加碼買進。

（5）通常操作黑馬股的最佳方法有兩種：
A. 完全按多空指標，未轉負前不必賣出，等到 X、Y 及 Z 出現才賣出。
B. 完全按股價 3 日平均線未跌破多空指標不必賣出，等到觸及到 X、Y 及 Z 出現才賣出。

4 角度線尋找飆馬股的操作範例

· 4192 杏國

　　股價在下跌過程之中，先取上一波高點（108/07/26）向右下角畫一條 45 度的角度線。當股價急跌後觸及此線（108/03/20），執行買進動作，買入價位約為 17 元附近，然後依角度線選股祕笈及測量天價要點，取 45 度線及 65 度線。預測 45 度線價格約為 55 元，而 65 度線的價格為 150 元附近。

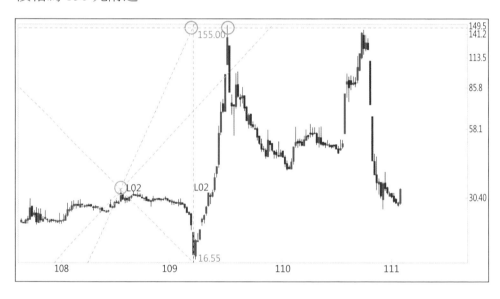

‧6237 驊訊

　　股價在下跌過程之中，先取上一波高點（108/12/31）向右下角畫一條 45 度的角度線，當股價急跌後觸及此線，可以開始買入股票（109/03/19），股價為 8.94 元。但因股價低於 10 元，所以持續觀察股價漲至 10 元以上才開始買進股票，運用角度線理論預測高點。以驊訊的圖來解說，取角度線 45 度線及 70 度線預測高點，分別為 45 度線（50 元）及 70 度線（167 元）。

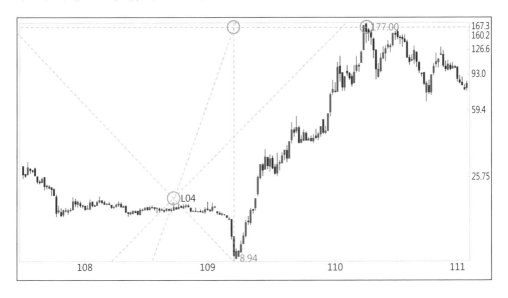

第十一章

測頭測尾的神祕 X 線

股價 X 線可以分為「上升股價 X 線」和「下降股價 X 線」，簡稱「上升 X 線」及「下降 X 線」。

❶ 上升 X 線：

由一個底部，至少間隔一個頂和底，與右上方的另一個頂點，以直線相連接。上升 X 線向右上方傾斜，股價下一次上升碰到上升 X 線，會在當天或第二天下跌。

❷ 下降 X 線：

由一個頂點，至少間隔一個底和頂，與右下方的另一個底部，以直線相連接。下降 X 線向右下方傾斜，股價下一次下跌碰到下降 X 線，會在當天或第二天回升。

1 股價 X 線的畫法

❶ 上升 X 線：

上升 X 線是一條直線，要畫出上升 X 線，首先需要兩個點：一個是波段底部，一個是波段頂點。畫法是：

（1）一個底部間隔一個頂點和底部，與右上方的另一個頂點，以直線相連接。

（2）一個底部，間隔兩個以上的頂點和底部，與右上方的另一個頂點，以直線相連接。

166

簡單的說，上升 X 線是底和頂相連。但是，底和頂之間至少再間隔一個頂和底，也就是上升 X 線和股價趨勢要交叉。此不同於上升趨勢線，上升趨勢線是底和底連接，不會與股價交叉。

❷ 下降 X 線：

下降 X 線也是一條直線，要畫出下降 X 線，需要兩個點：一個是波段頂點，一個是波段底部。畫法是：

（1）一個頂點間隔一個底部和頂點，與右下方的另一個底部，以直線相連接。

（2）一個頂點，間隔兩個以上的底部和頂點，與右下方的另一個底部，以直線相連接。

簡單的說：下降 X 線是頂和底相連。但是，頂和底之間至少再間隔一個底和頂，也就是下降 X 線要和股價趨勢交叉。此不同於下降趨勢線，下降趨勢線是頂點和頂點相連接，不會與股價交叉。

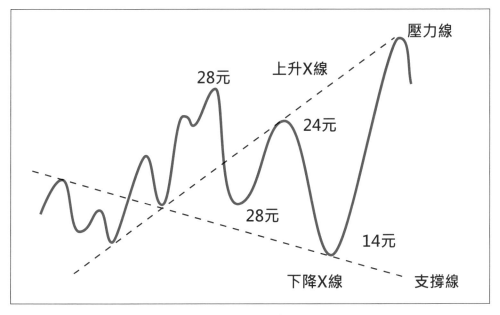

圖 11−1　X 線

資料來源：作者整理

2 X 線的運用

❶ 上升 X 線的運用

一條上升 X 線畫出後，下一次股價上升碰到上升 X 線，會在當天或第二天下跌，這是上升 X 線的特色。上升 X 線的使用因空頭市場或多頭市場而稍有不同。

在空頭市場，上升 X 線是反彈回升的極限，只要股價碰到上升 X 線，通常在碰線的當天股價會下跌，而且會跌得很多，甚至持續空頭的走勢，並跌到空頭市場終點為止。

在空頭行情做多時，應當在碰線的當天出脫持股，出脫持股後不必急忙回補。而在空頭行情做空時，可以在碰線的當天或第二天加碼融券放空，同時在賣出價格上面 5％的地方設定停損點，此後靜觀股價下跌即可。（不論你是多頭或空頭，停損點是最重要的，它是避免使投資者在意外變動中破產的不二法門。雖然筆者明確知道，股價在碰到上升 X 線後會下跌，仍然要做停損的動作。因為這是一種做股票的工具和策略。）

在多頭市場，股價碰到上升 X 線，會在當天或第二天回跌，通常回跌 5%～10%左右。當天或第二天回跌機率各一半，完全視當時整個市場的大勢而定。若當天大事不好，則當天便會下跌；若大勢好，可能在第二天下跌。因此，不管回跌多少，總是會回跌的，可靠性 95%左右，極少錯誤。

在多頭行情做多時，可以在碰線的當天或第二天賣出部分股票。但是，在回跌後，須立即補回，以賺取差價。

在多頭行情做空時，可以在碰線的當天或第二天賣出股票，並在下跌有差價利益時立即回補。在多頭市場碰到上升 X 線時，雖然可以融券放空，但是量要少，操作動作要迅速，並設下停損點。

假如是空手時，一旦確認多頭市場已經開始，在碰到上升 X 線時，暫勿搶進，等待回跌支撐不破後，再迅速買進。有時回跌只有

一、兩天，買進時機稍縱即逝（因為多頭市場視已漲多跌少的局面前進，低檔進貨時機不會太長）。如果讀者是做長期投資，當然不必在多頭市場裡任意賣出股票，唯一要做的是在多頭市場末升段，注意是否會反轉進入空頭市場，同時利用上升 X 線決定多頭市場的終點。

在多頭市場或空頭市場不明時，無論如何，股價碰到上升 X 線賣出股票必然沒錯，然後等待適當時機買回。

（1）多條上升 X 線交叉於一點

有的時候，遠近不同的兩條或兩條以上的上升 X 線會交叉於一點。一條上升 X 線，本來是一種阻力，股價碰到會回跌，兩條上升 X 線交叉，阻力更明顯，回跌會更劇烈。

若有三條以上的上升 X 線交叉，回跌更嚴重，並可能有下面幾種狀況：

A.多頭初升段或主升段有三條以上的上升 X 線交叉，股價碰上會產生大回檔，並可能盤旋整理，然後再上升。

B.多頭末升段股價碰到三條以上的上升 X 線交叉點，會產生反轉；如果沒有反轉，則必然會盤旋整理很久，但是，以反轉可能性最大，幾乎 95% 是反轉。

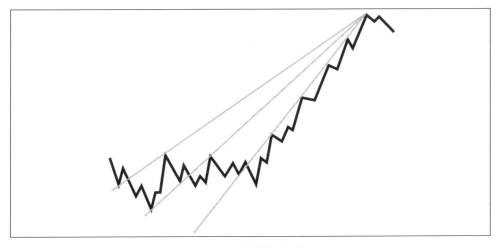

圖 11–2　多條上升 X 線

資料來源：作者整理

結論：股價碰到越多條上升 X 線，越麻煩，下跌更多、更久。如有四條、五條或六條上升 X 線交叉，麻煩之大可以想見，反轉的機會就很大了。因此，在多頭末升段股價碰到三條以上的上升 X 線交叉，必須先視為一個反轉型態形成中。

（2）遠程多條上升 X 線交叉

前面我們談到的上升 X 線，不論是單獨一條，或多條交叉，股價上升碰到時，股價才會下跌。現在，假如有兩條以上的上升 X 線交叉，在股價發展到上升 X 線交叉點的那一天還沒碰到它們，那麼股價在交叉點當天或以後數天會下跌。

圖 11–3　遠程多條上升 X 線交叉
資料來源：作者整理

一種無形的力量，股價雖然沒有直接碰到上升 X 線交叉點，但是，似乎有一股看不見的力量迫使股價回跌。在多頭氣勢比較弱或多頭市場末期常有此現象，因此，遠程 X 線的交叉點可以用作賣出的參考日期。假如市場多頭氣氛已減弱，並且從各方面判斷，股價也可能回跌，遠程多條上升 X 線交叉點的日期便是賣出股票的時候，股價可能在以後數天之內下跌。

如果在上升 X 線交叉日，股價在較低價位也有上升 X 線碰到，當然可以賣出股票。至於賣出以後要不要立即回補，由市場大勢決定。通常遠程多條上升 X 線交叉，只適用於多頭市場末升段。

（3）上升 X 線的二次阻力和多次阻力

股價一路上升，碰到一條已經建立的上升 X 線，會產生回跌。回跌後股價鼓足勇氣，往上挺升，再一次碰到原來那條 X 線，這一次，股價很可能衝過去，也很可能再回跌。

假如，股價第二次碰到原來那條上升 X 線仍然回跌，我們叫它二次阻力。但並不是每一條上升 X 線都會產生二次阻力，二次阻力能否產生，取決於：股價在碰線的時候是否已經完成各種上升型態，如頭肩底、三重底、雙重底……等最小測量漲幅。

假設股價在碰到上升 X 線的時候，剛剛脫離一個底部型態的強烈多頭信號，第一次碰到上升 X 線，若輕易穿過原來那條上升 X 線，則二次阻力並未發生。但是股價在碰到上升 X 線時，已經有大量上升，並且根據測量公式，最小漲幅已完成，整個市場也顯示上升趨勢快要告一段落，那麼，上升 X 線會產生二次阻力。二次阻力之後，股價第三次上升再碰到同一條上升 X 線，可能會再回跌。如果回跌，叫做多次阻力。同理第四次、第五次…，則叫多次阻力。

二次阻力及多次阻力發生於多頭初升段或主升段及多頭末升段的末尾。多次阻力發生在多頭初升段或主升段，顯示中級上升（約 20% 漲幅）結束，會產生中級回跌。多次阻力如果發生在多頭末升段結束時，意味著反轉即將來臨。若非反轉，則至少會有一個可觀的中級回跌（約 20% 跌幅）。此時，最好先賣股票，採取觀望態度。

（4）上升 X 線的二度阻力

「二度阻力」和「二次阻力」意義有所不同。就如前面談過的上升 X 線的二次阻力可能失效，股價快速上升，使原來那條上升 X 線落在下面。

但是不要把 X 線放棄，把它延長，靜靜等待。股價有可能再一次

較大回跌之後，重新跌到原來那條上升 X 線的下面。不久，股價反彈上升，碰到原來那條上升 X 線遭到阻力，結束反彈。此種情形稱為二度阻力。上升 X 線的二度阻力和二次阻力發生的時機相同，在多頭初升段或主升段及多頭末升段快結束時產生。尤其在多頭末升段的二度阻力，常發生在頭肩頂的右肩部分。

（5）Q 型上升 X 線

前面所討論的上升 X 線是底和頂相連（間隔至少一頂和底），是向右上方傾斜，這是正統上升 X 線。

依支撐和阻力演變的理論，有一種上升 X 線是向右下方傾斜的，即連成上升 X 線所使用的底和頂中的頂比底還低。這種向下傾斜上升 X 線容易和下降 X 線混淆，因此，筆者命名為「Q 型上升 X 線」。

Q 型上升 X 線和正統上升 X 線，它們的連法、作用完全相同，只是傾斜的方向不同。它們常發生在大幅下跌的空頭市場的初跌段及末跌段。

（6）上升 X 線和成交量

上升 X 線和成交量沒有什麼直接關係，反正股價碰上了就得回跌。當然，如果碰線的時候成交量比較大，表示浮額較多，多少會促使回跌迅速一點。尤其在熱門股裡，一旦回跌，又快又猛，常會跌停板。

（7）上升 X 線沒有測量作用

一條上升 X 線畫出來後，並不能預測股價必定會上升到哪。上升 X 線只肯定股價碰到後會回跌，至於股價能上升多少，須由型態如頭肩底、雙重底的測量公式決定。

當然，毫無疑問的，如果股價上升前，它的上面佈滿上升 X 線，除非多頭主力衝勁十足，無限制買進（成交量常顯得特別大，破紀錄），否則股價上升便會壓力重重。多頭主力炒作，最好選上檔 X 線較少或是碰到 X 線時做回檔，否則吃力不討好。

（8）上升 X 線和恐慌上升

　　一些資本額較小，股票大量被作手操控的股票，一旦引起恐慌上升（空頭恐慌），人氣極端集中，軋空慘烈。這種股票碰到上升 X 線，會有下面幾種情形：

　　A. 第二天回跌一下，可能只回跌 3% 左右，立即再上升。

　　B. 第二天、第三天都不回跌，可能在第四天之後迅速且大幅度的回跌，常回跌到上升 X 線下面。

　　股價碰到上升 X 線雖然沒有在兩天之內回跌，但本身已遭受強大的潛在壓力，必然會在以後幾天大幅回落。所以在碰到上升 X 線，股價沒有回落前，買進這種股票是一種冒險的行為。十次有九次，最後證明都是錯誤，除非你動作敏捷，在股價回落前毅然脫手，否則極易慘遭套牢。

（9）市場上大部分股票碰到上升 X 線在同一時間

　　有一半以上的股票皆會碰到上升 X 線，這種情況顯示大勢會有較明顯的回跌。有時易造成中級回跌（跌幅超過 20%），甚至原始反轉（從高點跌回起漲點附近）。

　　所以，在大部分的股票碰到上升 X 線時，最好不要輕易大量進貨，必須等回跌再說。就算要進貨，也要選擇沒有碰到的股票，以免套牢，亂了步驟。

　　當然，在討論到下降 X 線之後，投資者會在碰到下降 X 線時買進，那是絕少錯誤的。當你把握了買進時機，相反的，在碰到上升 X 線時，會考慮賣出，而不是打算買進了。只有胸無成竹的人，才會在碰到上升 X 線買進而套牢。

（10）利用上升 X 線決定多頭市場終點

　　討論上升 X 線的最終目標，是如何用它來決定多頭市場的終點。多頭市場終點的決定，通常由反轉型態如頭肩頂、雙重頂……等確

定。但是，等待這些型態往下突破再賣出股票，可能獲利要損失許多，而誰不希望在最高點賣出。雖然，一些自誇在最高價賣出的人，常被人認為吹牛，但是，上升 X 線確實可以幫投資者達成這個願望。

多頭市場的上升至少都有三個波段，每個波段上升後，都會進行大盤檔，然後才有另一波段的漲升。所以，多頭市場的終點一定在末升段產生。如何在股價尚未完成反轉型態之前，利用上升 X 線確認可能的最高點，有幾種情形：

A.股價碰到三條以上的上升 X 線交叉點。

B.股價三次以上碰到同一條有權威的上升 X 線。

C.股價碰到一條由中級整理型態底部和中級整理型態頂點所連成的上升 X 線

D.股價碰到一條由多頭市場起點，和多頭初升段上升之後，中級回檔整理的中心點，所連成的上升 X 線。

股價遇到上面四種情形，在大勢很強的時候，可能是左肩。在大勢較弱時，便是最高價。總之，在多頭市場末升段之後，碰到上述四種情形的上升 X 線，賣出股票是不會錯的。如果，賣出股票之後，股價沒有反應，而是盤旋整理，成交量逐漸減少，並認為大勢可能又有一段上升時，才可以買進股票。

❷ 下降 X 線的運用

下降 X 線的使用，因多頭市場和空頭市場稍有不同。在多頭市場，下降 X 線是回檔的最低價，碰線的當天或第二天，股價便開始上升，而且上升的幅度會很大。

在多頭行情做空時，應在碰線的當天須補空並翻多，切勿再觀望（最愚者，莫過於在此放空）。在多頭行情做多時，可以在碰到下降 X 線時，加碼買進，並在買進價下方 5% 的地方，設定停損點。空手客戶可以在此時插手買進，順利上轎。

在空頭市場，股價碰到下降 X 線，會在當天或第二天反彈。通常反彈 5〜20%。反彈幅度依敏感度及下跌大小而定。

在空頭市場做空時，在碰線的當天或第二天要回補，反彈上升之後再融券放空。在空頭市場做多時，在碰線的當天或第二天，酌量買進一些（不可全力買進），並於反彈回升，稍有利益時立即賣出。買進股票仍然要設停損點，以免損失擴大。

如果是套牢多頭，切勿在碰到下降 X 線時賠本賣出，應該在反彈後伺機脫手。最可憐的多頭會在碰到下降 X 線時殺出，愚不可及。空頭市場的較大反彈（有時是中級反彈）會在空頭市場的初跌段及主跌段結束時發生。那時碰到下降 X 線的反彈可能比較大。

若是空手者，當然不必在空頭市場搶進搶出，唯一要注意的是何時空頭市場結束而將進入多頭市場，以便補空並翻多，以迎接多頭市場的來臨。

（1）多條下降 X 線交叉於一點

和上升 X 線一樣，有時多條下降 X 線會交叉於一點。一條下降 X 線是一種支撐，股價碰到會上升。兩條下降 X 線交叉，回升更厲害。不可否認，三條以上的下降 X 線，會產生極強烈的上升。

若有三條以上的下降 X 線交叉，可能有下面幾種情況：

A. 空頭初跌段及主跌段，若有三條以上下降 X 線交叉，可能產生較大反彈，有時是中級反彈。

B. 空頭末跌段，股價碰到三條以上的下降 X 線，會反轉進入多頭市場。

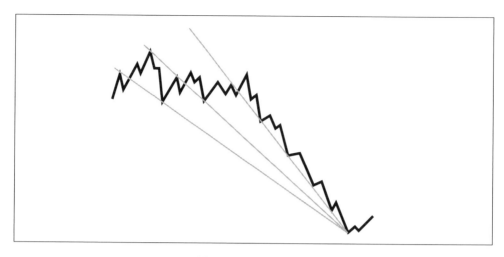

圖 11–4　多條下降 X 線
資料來源：作者整理

　　結論：股價碰到越多條下降 X 線，反彈或上升越強，如有四條、五條、六條的下降 X 線交叉，十次也有九次是反轉進入多頭市場。若是沒有進入多頭市場，也會有中級反彈行情。

（2）遠程多條下降 X 線交叉

　　前面我們談到的下降 X 線，不論是單獨一條，或多條交叉，股價下跌碰到時，股價才會上升。現在，假如有兩條以上的下降 X 線交叉，在股價發展到交叉點那一天，並沒有碰上交叉點，那麼，股價在交叉點當天或以後數天會上升。

　　一種無形的力量，在交叉點那天迫使股價回升，這意思是股價本來是要下跌去碰交叉點的，現在因為某種原因，支撐的力量比實際的強，因此，下跌不到目的地。既然支撐力很強，並無意再下跌，股價只好回升了。

　　遠程下降 X 線的交叉點，可以用作買進的參考日。假如空頭氣氛已減弱，成交量也萎縮至低量，股價似有盤旋打底的可能。遠程下降 X 線的交叉點當日，或以後數天，便是買進股票的時候。買進股票以後，何時賣出呢？可由市場大勢決定，如果進入多頭市場，就依多頭

市場的做法操作。如果只是反彈，在適當的獲利後就賣出持股。遠程下降 X 線只適用在空頭末跌段，以及多頭市場裡。

（3）下降 X 線的二次支撐及多次支撐

股價一路下跌，碰到一條已經建立的下降 X 線，會產生反彈。反彈以後，股價可能繼續下跌，再一次碰到原來那條下降 X 線。這一次，股價很可能不停留，繼續下跌下去，也很有可能第二次反彈。

假如，股價第二次碰到原來那條下降 X 線，仍然反彈，我們叫它二次支撐。股價第一次碰到下降 X 線，當然會反彈，第二次回落再碰到是否會反彈呢？可由下面幾種情況決定。

A.下跌的速度快（跌幅深），第二次反彈的可能性小。

B.斜率較大的下降 X 線不易有二次支撐。

C.平緩的下降 X 線較易產生二次支撐。

D.空頭市場末期較易產生二次支撐。

如果二次支撐發生，第三、四次依然支撐，我們稱第三次以上為多次支撐。多次支撐發生在空頭市場末期時，可能會中級下跌結束，不久將進入多頭市場。若多次支撐發生在空頭市場初期時，和多條下降 X 線交叉一樣，只是產生較大的反彈而已，並不是要進入多頭市場。

而一條比較平緩的下降 X 線，產生二次或多次支撐的機會較大。所以，一條平緩的下降 X 線，可以儘量延長，以備下次有機會時考驗二次或多次支撐。

（4）下降 X 線有二度支撐

下降 X 線則有二度支撐。一條下降 X 線第一次碰到產生反彈，但是，很快就有跌到下降 X 線下面，在另一個強烈反彈後，股價回升到原來那條下降 X 線之上。如果回落再碰到原來那條下降 X 線，產生支撐反彈，叫做二度支撐。常發生於空頭市場末期，進入多頭市場之前

的時刻！

（5）Q 型下降 X 線

前面所討論的下降 X 線，是頂和底相連（間隔至少一底和頂），是向右下方傾斜的，這是正統的下降 X 線。

依支撐和阻力演變的理論，有一種下降 X 線是向右上方傾斜的，即連成下降 X 線所使用的頂和底中的底比頂還要高。很顯然的，這種情形只發生在強烈的多頭初升段及主升段之後的回檔，或末升段反轉之後的反彈。

Q 型下降 X 線和正統下降 X 線，它們的連法、作用完全相同，只是傾斜的方向不同，這種上傾的下降 X 線容易和上升 X 線混淆。因此，另外命名為「Q 型下降 X 線」，初學者必須把正統上升 X 線及正統下降 X 線學好，然後才學 Q 型上升 X 線及 Q 型下降 X 線，以免亂了方向。

（6）下降 X 線和成交量

下降 X 線和成交量無關，股價碰到下降 X 線都會反彈，不管當時的成交量如何。不過，如果下跌時成交量較小，可能反彈較大。當投資者考慮搶兩種股票的反彈時，要買成交量較小且又碰到下降 X 線的那種，可能的獲利大一點。

在遠程 X 線交叉點的那種情況，成交量減到極小，更能表示下跌的可能性不大，買進非常安全。

（7）下降 X 線沒有測量作用

一條下降 X 線畫出來後，並不能預測股價一定下跌去碰它，下降 X 線只肯定股價碰到後會反彈。至於股價會下跌多少，須由頭肩頂、雙重頂的測量公式決定。

毫無疑問的，如果股價下跌，沒有下降 X 線去碰到，下跌比較容易。下面若佈滿下降 X 線，下跌就困難一些。

在什麼情況下，下面不容易有下降 X 線：一為多頭市場狂熱上升後忽然反轉；一為空頭市場末期，直線下降的恐慌下跌。這兩種情況下，買進股票要非常小心。因為它們根本找不到可以連成下降 X 線的基本點（意思是沒有支撐）。

（8）下降 X 線和恐慌下跌

做股票最怕碰到恐慌下跌，有時你會看到長期累積的獲利因為恐慌下跌，在幾天之內變成泡影，甚至虧損。

恐慌下跌容易發生在空頭初跌段及末跌段。股市一旦引起恐慌，似乎什麼辦法也沒有，唯一的預防方法是：利用上升 X 線，在還沒有引起恐慌時先賣出。向下跌破一個明顯的型態時，便要不限價賣出。利用停止損失委託，跌到買進之下 5% 時，緊急賣出。

恐慌下跌時，股價碰到下降 X 線或數條下降 X 線，並未停止，反而加速下跌，這種情況告訴我們：一個較大反彈，不久即將發生。也就是在超出下降 X 線之後，逐步承接，一旦反彈，必可獲利。此時融券放空的投資者必須回補。

無論如何，空頭市場買進股票宜量少，不可以全力為之，因為空頭市場，股價下跌，畢竟比較容易！

（9）大部分股票同時碰到下降 X 線

在同一時間，有一半以上的股票，包括指數，都碰到了下降 X 線。這種情況顯示，股市將有明顯的回升。有時是中級反彈，有時則進入多頭市場。

在大部分的股票碰到下降 X 線時，如果在空頭市場，可以搶反彈。如在多頭市場的回檔後，當然可以大量進貨，危險性很小。只有一些莫名其妙的空頭，才在大部分股票皆碰到下降 X 線時融券賣出。

（10）利用下降 X 線決定空頭市場終點

討論下降 X 線的最終目標，是如何用它來決定空頭市場的終點。

空頭市場終點通常由反轉型態，如頭肩底、雙重底決定。但是等到這些型態完成再買進股票，股價可能已經上漲了 20%以上，下降 X 線可以幫助我們在最低點買進股票。空頭市場的下跌，通常分為空頭初跌段、主跌段及末跌段三個階段。因此，從空頭市場進入多頭市場，可能都在空頭末跌段之後。

在空頭末跌段有下面情形，空頭市場會結束：

A.股價碰到三條以上的下降 X 線交叉點。

B.股價三次以上碰到同一條有權威的下降 X 線。

C.空頭市場末期的恐慌下跌，股價已經過一次或兩次剎車，最後碰到一條極陡的下降 X 線（短時間跌幅大）。（當然如更多下降 X 線更好，否則一條也可以。）

D.空頭末跌段之後，股價碰到一條由中級頂點或原始頂點，和中級底部所連成的下降 X 線。

碰到上面四種情形會反轉進入多頭市場，此時，買進股票是聰明的，投資者可以坐收多頭市場的獲利。如果投資者買進股票一段時間後，發覺並沒有進入多頭市場，還有高價機會讓你脫手，因為至少碰到任何下降趨勢 X 線都會反彈，這是下降 X 線的特色。若是真正進入多頭市場，就要利用上升 X 線在多頭市場的操作手法，進行操作買賣。

3 股價 X 線祕笈

❶ 力學原理

若將 X 線裡的向下 X 線與向上 X 線合起來看，其實就是像一支不折不扣的剪刀，只是支點不同，其代表的壓力及支撐力道就有所不同。以下為各位闡述：

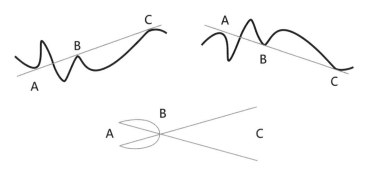

圖 11–5　圖形中，ＡＢ＜ＢＣ，可靠性較強。
資料來源：作者整理

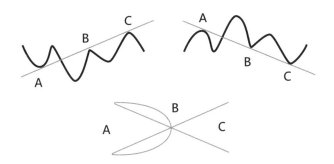

圖 11–6　圖形中，ＡＢ＝ＢＣ，非常有可靠性。
資料來源：作者整理

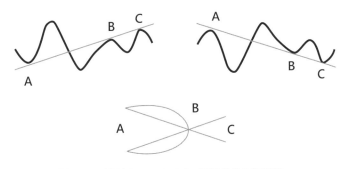

圖 11–7　圖形中，**AB ＞ BC**，可靠性比三個最弱。
資料來源：作者整理

以上三種圖形中，各有三個點：

（1）把手用力處 A→施力點

（2）螺絲固定處 B→支撐點

（3）刀口的尖端 C→受力點

由上圖形所示，當支撐點越靠近施力點時（圖 11-5），其剪起來快而且好剪；而當支撐點越靠近受力點時（圖 11-7），需花費較大力量，就不如圖 11-5 及圖 11-6 那麼好剪了。

因此，圖 11-5 及圖 11-6 的 X 線最好，也最牢靠。圖 11-7 較差一點，但是仍然有效。

❷ 半月原則

以上三個圖的股價 X 線，都需受「半月原則」的限制。

半月原則按字面上來說，就是圖 11-5 的 AB 及圖 11-7 的 BC 都需至少有半個月以上的時間。半月原則其實是用以保證基本點（ABC 三點）的明顯。一個次高點或次低點，如果前後不足 3 天，這並非是一個很明確的頂點或底部。一個基本點形成至少要有 6 天的時間，連接股價 X 線的兩個基本點，當然需要 12 天以上了。12 天大約是半個月的時間，因此稱為半月原則。

三個圖形的 X 線中，以圖 11-6 最可靠，半月原則也較寬鬆，有時 10 天也有效。低於 8 天，基本點就不明顯了。圖 11-5 與圖 11-7 則需嚴守半月原則。

❸ 其他原則

（1）基本點越明顯（幅度越大），則 X 線越可靠。

（2）由兩個不同變動（整理型態或反轉型態）所連成的股價 X 線更有效。

（3）在同一種變動：整理型態（三角形、旗型…等）小幅度盤整格局，本身變動所連成的 X 線較不可靠，容易被突破或跌破，因此只能使用在形態附近的變動而已；而反轉型態（頭肩型態、雙重型態、擴大型態…等）增大頂點，因為基本點較為明顯，使得這種型態所構成的 X 線較有效，不容易隨便被突破或跌破。

（4）股價 X 線和股價交叉點越單純越好，不要貫穿 K 線或盤整區，不然會減弱 X 線的可靠性。

❹ 失效情況

（1）當股價觸及 X 線後，若在兩天內沒有回跌或反彈，反而在第三天或第四天才回跌或反彈，這種超出股價 X 線的變動將使未來股價變動更強烈、更難以捉摸。

（2）大變動觸線（大幅上漲或下跌時直接碰觸 X 線）的第二天卻小幅變動，表示未來將會持續變動下去，特別在上漲起步或下跌起步時，上漲者會再上漲，下跌者會再下跌。例如，股價碰到兩條 X 線的交叉點，第二天小幅變動，不可視為持續變動的徵兆，股價反而會依照 X 線的指示變動，產生正常回跌或反彈。

（3）不足半月原則及基本點不明顯的 X 線，不能構成 X 線的參考依據。

（4）畫線要畫在正確的點位，搭配半對數圖，若有差異，則預測的高低點便會不準，只要符合 X 線的祕笈操作，投資者就可以大膽使用，作為買賣股票的依據。

❺ 股價 X 線與技術指標的搭配應用相得益彰

各個技術指標都有其獨特的特性，X 線也不例外。它不只有獨到的優點，更可以搭配其他技術指標應用，相輔相成。

凡是技術指標都有盲點，例如：

（1）不能在一個股價變動（指標跟著股價變動）時的最低點買進，在最高點賣出。

（2）不能明確的指出股價在上升或下跌時，在哪裡會遇到關卡。

（3）在股價上漲或下跌的期間，不能做有效率短期的操作增加獲利。

股價 X 線將可彌補技術指標的盲點，因此，投資者在分析股票時，除了使用技術指標外，若能再搭配 X 線的使用，將使投資者在股票的操作上更加游刃有餘。

❻X 線可以洞燭先機

為何股價 X 線會如此的銳利，在於不論是頂點的反轉或是底部的轉折，第一步總是先碰到股價 X 線，然後才會再出現其他型態。股價 X 線可在上漲途中明確指出哪裡回跌；下跌途中明確指出哪裡反彈。這是優勢所在，洞燭先機，而不含糊。所以投資者必須時常使用 X 線，並把 X 線深刻記在腦海裡，若能運用自如，將會有意想不到的收穫。

❼六合神功預測高點的方法

以 X 線畫法連接波段低點與高點，取得一條上升的 X 線。然後以此 X 線畫一條垂直此 X 線的線段，於股價急殺後碰觸此線的點為反轉點，於此日畫一條向上的垂直線，然後連接 X 線與此垂直線的點為預測高點。

4 X 線的操作範例

・3529 力旺

　　使用週線圖畫線使用對數模式，連接 107/11/16 最低點至 108/04/26 最高點，畫一條垂直與此 X 線的線段，當股價急殺後碰觸此線為買入點，於 109/03/20 時碰觸此線，然後在同日畫一垂直線，觀察 X 線交叉於垂直線上的位置，預測高點為 2,350 元附近。

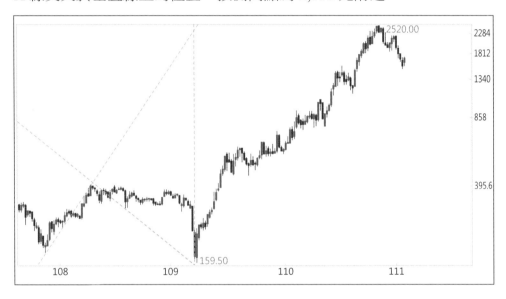

第十二章

技術指標綜合運用實戰：
十六位高報酬操盤手的經驗分享

以下所提到的案例共有十六段，其為蒐集了某些人的選股操作及心法後所萃取出來比較常見的技術指標操作。在六合神功中，有個基本概念，以波浪理論計算波段時，在主升段（第 3 波）的時候要加碼買進，甚至要槓桿操作來加大獲利的部位

以前面十一章的技術指標混合運用，使得選股跟操作上更有信心，將操作方式分為以下幾式。

第一式：

以突破趨勢線或形態學的頸線找買點，再使用波浪理論尋找每個波段的買入、賣出點。

第二式：

以均線糾結時伴隨 K 線帶量突破為買入訊號，再以 MACD 搭配波浪理論尋找高點。

第三式：

以 DMI、KD、MACD 尋找買點，但是資金卡在其他股票，要如何搭配運用這些指標尋找第二個買點。

第四式：

以 RSI 指標尋找買入點，然後以 MACD–DIF 反轉尋找賣出點。

第五式：

以 DMI、KD、MACD 搭配均線或趨勢線尋找最佳買點，如果再搭配量能突破，為更強勢的買進訊號。

第六式：

以 KD 指標中的一飛沖天祕笈搭配 13 日均線尋找飆馬股，再以割弦理論的 21 日均線尋找賣出點。

第七式：

以形態學突破為買進訊號，再以不同的整理型態預測其突破後的高點。

第八式：

以 45 度角度線尋找最低點及買點，再以角度線搭配波浪理論尋找高點。

第九式：

以突破缺口為買入點，如搭配趨勢線或平均線為更強勢的買進訊號，再以中途缺口及突破缺口的漲幅為基準，預測竭盡缺口的位置。

第十式：

以大盤為主，當大盤因利空消息跌至平行軌道線、趨勢線或頸線的支撐點位，買入績優股，以人棄我取的方式買入。

以下將用一些範例以更明確的敘述說明，如何將這幾項招式混合使用。而在以下案例中所提到的槓桿部分，是依照每個投資者對自己的風險承受程度來做調整。

第一例

・8046 南電（第一式）

波段選股操作祕笈，南電從民國 95 年 4 月高點 312 元到 104 年 8 月低點 21.3 元已下跌三大段了，經過 5 年的打底，在民國 107 年 12 月突破下跌趨勢線。

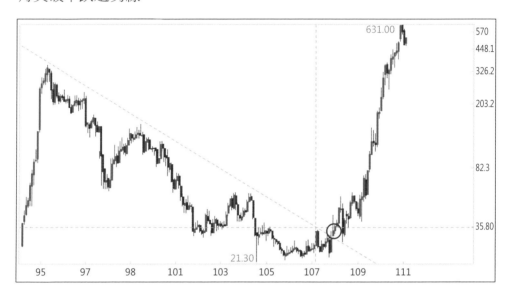

而後上漲至 55.2 元的頸線，再回檔測試此下降趨勢線的支撐。成功後，在 109 年 3 月大盤時因疫情急殺，而選定為投資標的。

南電在底部 109 年 3 月 24、25 日時形成兩日孤島,確定底部後,積極買進。用 10 倍高槓桿投資 200 萬元,其操作金額為 2,000 萬元,平均成本為 40 元,股價在 145 元上下賣出,獲得 3.5 倍獲利。

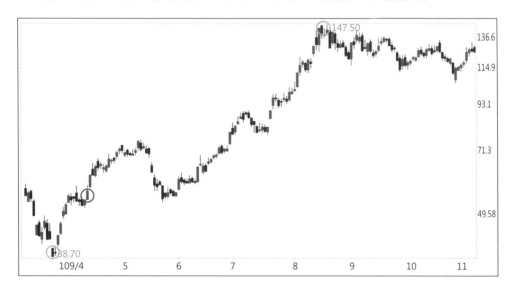

　　之後以本金 5,000 萬利用中槓桿(5 倍)操作金額 2 億 5 仟萬在南電股價在 115 元上下買進,待股價上漲到 350 元上下後賣出,獲利 3 倍。

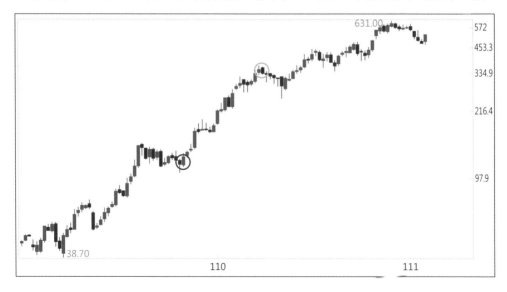

扣除貸款利息後，在用本金 5 億選擇低槓桿（2.5 倍）融資買進，操作金額為 12 億 5 仟萬。在股價 275 元上下買進，待股價上漲到 610 元上下賣出，獲利為 2.2 倍，扣除後總資產有 20 億元。獲利約 1,000 倍。

　　本次操作南電資金配置以高、中、低槓桿獲利 1,000 倍。期間利用六合神功的波浪理論及型態做波段操作時，買進點及賣出點操作的依據。

第二例

・1325 恆大（第二式）

　　109/01 初依六合神功選股，於 108/12 月底發現此股出現爆量長紅棒，向上突破均線糾結，視為買進訊號，於隔天陸續買入持股。平均買入成本為 17.5 元，以本次的操作資金 35 萬元現股買入。

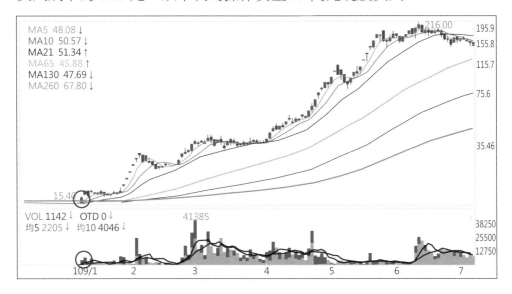

而此股的賣出點依據為 MACD 搭配波浪理論判讀，在第三次 Bar 值轉負後，即可視為目前段落的末升段完成，需要做出賣出持股的動作。於 109/06/04 開始出脫持股，平均賣出價位為 180 元。此次交易獲利約為 10 倍，現有資金成長至 350 萬元。

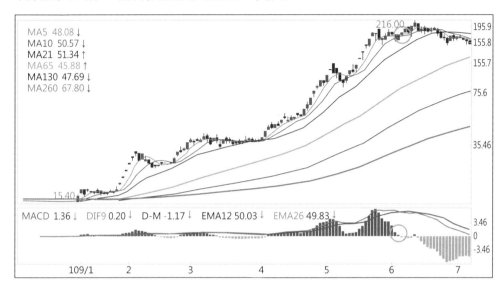

・3669 圓展（第三式）

在 109/01/10，從 DMI 指標中發現 ADX 突破 ADXR，即在同日突破－DI，且出現 5 倍大量，可以視為買進訊號。但此時所有的資金都在恆大之中，所以先將此股放在飆馬股觀察名單。之後等待恆大於 109/06/04 之後出脫持股，開始等待下一個買進點。於 109/06/19 時，DMI 技術指標又再一次出現 ADX 突破 ADXR，即在同日突破－DI 且出現長紅 K 棒的買進訊號，所以在此時將所有資金以現股方式買進此檔股票，平均購入價格為 34 元。

依六合神功的 KD 技術指標尋找賣出點。於 109/09/07 時，發現 K 值漲到高點後，出現第二次背離，K 線無法站上新高且開始下跌，為賣出訊號。因而賣出持股，平均賣出價為 150 元附近。此次獲利約為 4.4 倍。總資金成長至 1,500 萬元。（350 萬元 ×4.4 倍）

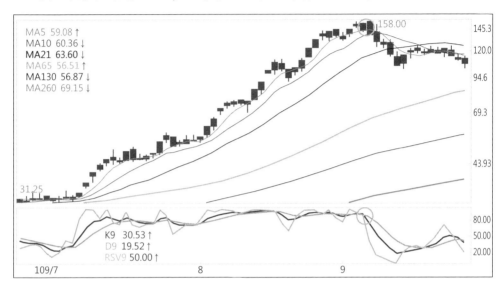

・2303 聯電（第三式）

於 109/07/21 時，從 MACD 技術指標發現六合神功中所提到的兩日負值後轉正（哈麥兩齒），為飆馬股訊號，所以將聯電先列入飆馬股名單。於 109/09/07 時賣出圓展持股，轉回現金後等待買入點。並於 109/09/10 時，MACD 指標由高點下跌後，在當日 DIF 再次突破 MACD 且出現跳空指標，為買入訊號。買入均價為 23.5 元附近。

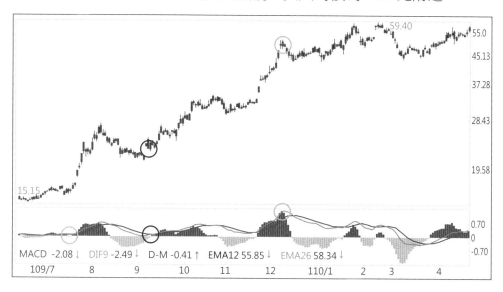

於 109/12/10 時，DIF 值由高點反轉向下，為賣出訊號，賣出持股的平均價位為 48 元附近，獲利約為 2 倍。資金成長至 3,000 萬元（1,500 萬 ×2）。

·3138 耀登（第四式）

　　由六合神功中的 10 日 RSI 站上 21 日 RSI，為多頭市場。突破當日做買進。以現在資金 3 仟萬分批買進，平均購入價格為 92 元附近。

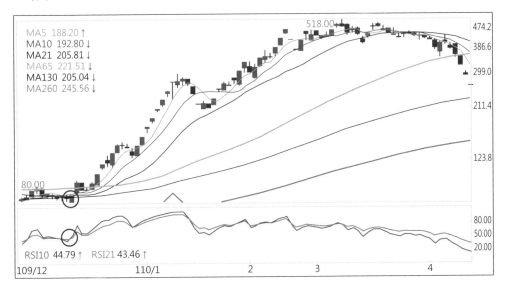

利用六合神功祕笈的 MACD 指標尋找賣出點，這次使用 DIF 高點
二次背離視為賣出點。於 109/03/10 時，出現這祕笈中所提到的賣出訊
號，開始分批賣出股票，平均賣出價位為 460 元附近，而這次的操作
獲利約為 5 倍。總資金為 1 億 5 仟萬元。

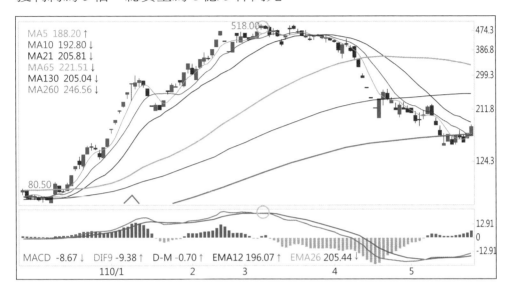

・8069 元太（第五式、第七式）

用日線 MACD 觀察，於 110/03/16 時，發現 MACD 於 0 軸上交叉為買進信號。之後確認 6 條均線形成多頭排列為買進點，買進點的平均價格為 53 元。

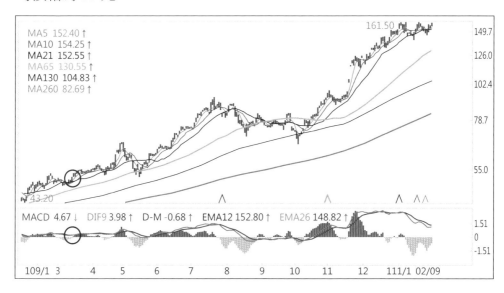

買進後利用六全神功的形態學來波段的啟點。觀察週線連接 106/11/24 高點與 110/04/09 高點形成短的。以此波段最低點到頸線的一倍為基準，然後預測高點為 160 元。當股價達到目標值，開始出脫持股，獲利約為 3 倍，總資金來到 4 億 5,000 萬（1 億 5,000 萬 × 3）。此次操作的總獲利比超過 1,200 倍。

第三例

・4743 合一（第六式）

　　從 KD 技術指標觀察，在 109/03/19 時，K 值來到了波段最低點，然後又在 109/03/24 當天出現了突破缺口，於當日買進基本持股，買入價位為 22.5 元附近。到了 109/04/06 時，13 日均線反轉向上，然後以長紅棒帶量為訊號，於此刻再進一步加碼，買入價位為 25.5 元附近。然後以 KD 技術指標中的祕笈尋找飆馬股的賣點，以 109/05/20 時 K 值的最高點為基準，然後觀察 K 值是否產生二次背離，於 109/07/08 時，K 值接近最高點，所以再觀察一天，確認 109/07/09 產生第二次背離，開始陸續賣出股票，平均賣出價位在 420 元附近。此操作獲利約為 16 倍。

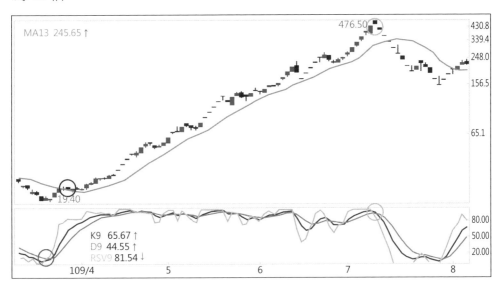

·3228 金麗科（第七式）

於 109/06/12 依週線由六合神功的形態學尋找到此飆馬股，依形態學預測漲幅可以達到 560 元，然後因為目前資金依然放在合一，所以先將此股放入觀察。於 109/07/10 後，因合一的賣出點出現，所以已經資金收回。因已預測此股的漲幅，所以慢慢地將資金分批逢低買進，於 109/07/24 時出現反彈後，開始加碼買進，在 48 元至 65 元之間買入，平均成交價為 55 元。

因依六合神功的形態學預測出來的高點為 560 元，所以將手中的持股抱緊，然後於股價達到預先設定的 560 元後，慢慢分批賣出。賣出區間為 560 元至 600 元附近。此波操作獲利約為 10 倍。

·2615 萬海（第七式、第六式）

依六合神功的形態學於 110/04/12 找到萬海，剛以跳空突破圓形底的形態學，所以在當日買入建立持股，買入區間為 60 元至 70 元附近。

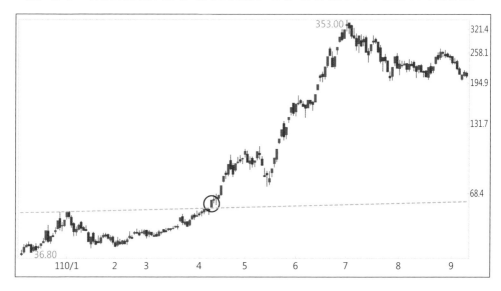

此股票為快速上漲的飆馬股，因萬海的漲勢已經出現了末升段中的末升段，所以在某些情況中需要使用六合神功的祕笈來找買入賣出點，在 110/07/02 時，由割弦理論中的 21 日均線去尋找賣出點，當利潤值（P）無法再站上高點卻下彎後，出現賣出訊號，此時賣出價為在330 元附近，獲利約 5 倍。

此次整體操作獲利為 800 倍（16 倍×10 倍×5 倍）。

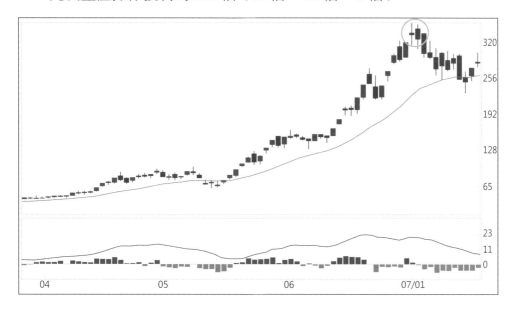

第四例

・6531 愛普（第八式、第一式）

由愛普的週線分析，利用角度線理論尋找飆馬股，透過連接 107/03/23 高點及 108/05/17 的低點，形成斜 45 度角的角度線，然後再選擇 107/03/23 高點向上畫垂直原本角度線的右上斜 45 度線，然後預測這波段的高點，大約在 510 元附近。

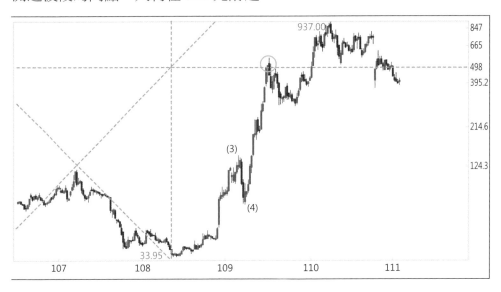

依照波浪理論取初升段的第四波的低點（79.9 元）為支撐，當後續股價回此點附近，便可加碼買進。於 109/03/19 時，跌到支撐點附近，依六合神功的資金配置方法用，5 倍高槓桿融資買進，平均買入價位為 80 元上下。此次的操作以 50 萬元本金開始操作，先以 5 倍的高槓桿融資的資金 250 萬元買入此股。在預測的高點 510 元附近陸續賣出股票，而獲利約為 6 倍。獲利為 250 萬元 ×6 倍＝ 1,500 萬元，扣掉貸款、利息、手續費後，獲利約為 1,250 萬元。

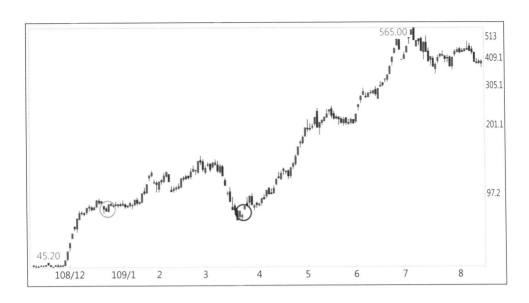

　　第二次的操作時機為當股價漲到上次預測的高點後，將股票賣出，資金收回，等待下一次行情。這次透過下降趨勢線來決定買入時機，以上次的高點為基準，連接 109/08/06 高點後形成下降趨勢線。以此為基準，當 K 線突破次下降趨勢線為買進訊號。在 109/11/06 時，突破下降趨勢線，開始買進此股，平均買入價位為 320 元，此時用 2.5 倍低融資貸款買進，操作金額為 1,250 萬元 ×2.5 倍＝ 3,125 萬元。

依六合神功的割弦理論的第二次背離，為最高價位的賣出訊號，在 110/04/07 出現第二次背離，然後 0 軸下出現負值，為賣出訊號，賣出價格為 900 元附近，獲利約為 2.9 倍。3,125 萬元×2.9 倍＝約 9 仟萬元，再扣掉貸款、獲利跟手續費後約為 7 仟萬元。

・5608 四維航（第三式、第二式）

　　利用 KD 指標分析四維航的日線。當 K 值突破 80 以後回檔，但是沒有跌破 50，待之後 K 值突破 D 值為買進訊號，依據六合神功祕笈，四維航視為飆馬股，買入時間點為 110/04/07，用現股買入，平均買入價位為 19 元上下。

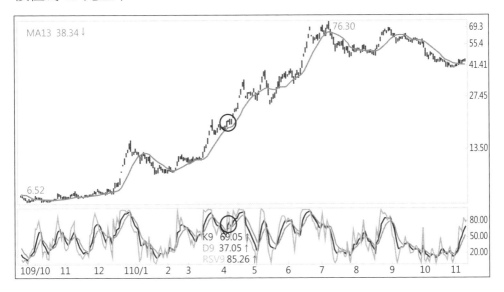

在 MACD 高檔鈍化後，於高檔時 Bar 值跌破 0 軸變為負值，視為賣出訊號，於 110/07/09 開始，股票分批賣出，平均賣出價位為 65 元上下，獲利約為 3.4 倍，獲利 7 仟萬元 ×3.4 倍＝約 2 億 3 仟萬元。

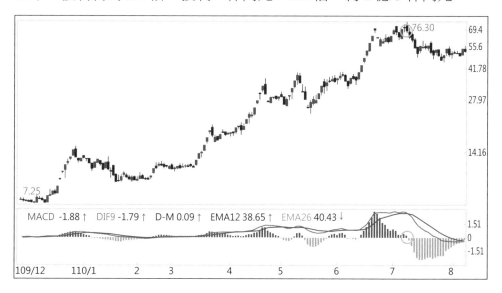

・6104 創惟（第一式）

　　由日線的頸線觀察，連接 109/08/20 的最低點跟 110/02/01 的最低點，畫出此整理區間的頸線。當股價假跌破此頸線，數日後再站上頸線，即為破底穿頭為飆馬股，故在 110/06/28 時，長紅棒出現的當天買進。然後再由 110/04/22 的最高點連接 110/06/18 的最高點，形成下降趨勢線，當 K 線突破下降趨勢線為買進訊號，觀察後發現，此股票在 110/06/28 同日突破頸線和下降趨勢線，所以可以確認其漲勢，之後可以換此股操作。

　　因為日線無法明顯畫出，所以以下以週線圖表示。

依據波浪理論預測,本股票有機會持續上漲至 250 元,所以此股還沒有賣出。大概會在 250 元附近持續賣出,獲利大約為 3.3 倍,2 億 3 仟萬元×.3 倍＝7 億 6 仟萬元,預計總投資績效約為 1,500 倍。

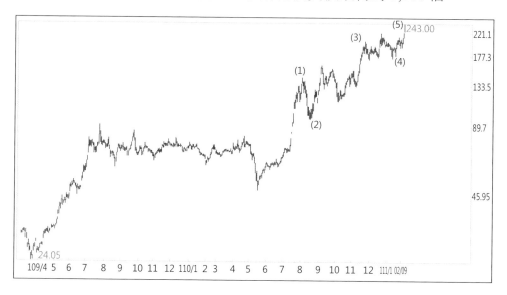

第五例

・6491 晶碩（第八式）

　　由 108/04/19 當週的高點向右下角畫 45 度線，然後等待大盤指數及股價急跌碰觸 45 度線，此時為買進點。然後分批買進，平均價格在 88 元。再使用角度線尋找飆股，預測賣出點。以 108/04/19 當週最高點向右上角畫 45 度線，然後接觸 109/03/27 當週的縱軸的高點為第一次的賣出訊號。價格大約在 650 元，獲利約為 7 倍。

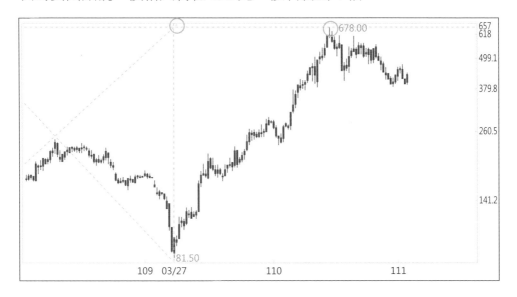

·3707 漢磊（第一式）

　　由主升段後的第四波回檔的買點，是主升段漲幅的二分之一。推測價位為 110/07/23 當週最高點 125 元減去 110/05/21 當週最低點 46.75 元，中間漲幅為 78.25 元，然後取二分之一為 39.125 元。之後再由最高點 125 元減去 39.125 元，所得結果約為 85.9 元。於此點陸續買進持股，平均價位為 86 元。

110/11/02 出現長黑棒吞噬前一日長紅，出現賣出訊號，於隔日在今日的長黑棒一半的位置賣出，平均賣出價位為 160 元。

此次獲利約為 1.8 倍，整體獲利約為 13 倍。

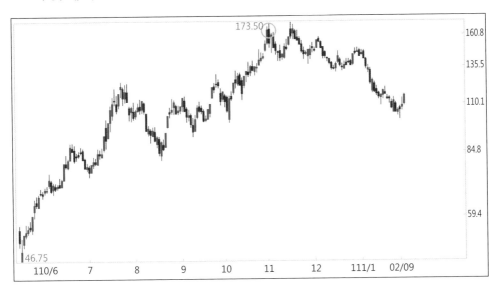

第六例

・2108 南帝（第九式、第五式）

依日線的觀察，於 109/03/19 至 109/03/24 產生 4 日群島，而 109/03/25 的突破缺口就是買進訊號，運用 100 萬的資金現股買進平均價 25.2 元的股票。於 109/05/08 時，出現最後的竭盡缺口為第一波段完成，賣出股價 39 元附近。此次獲利為 1.5 倍，所以總資金成長至 150 萬元。

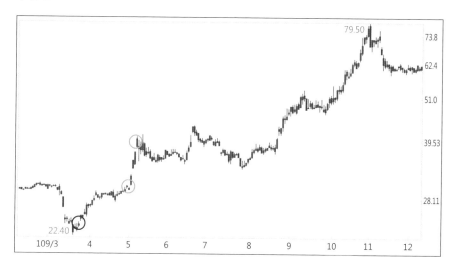

然後觀察週線，於 109/08/21 那前兩週 MACD 技術指標出現 Bar 負值，之後於這週轉正，為六合神功飆馬股的買進訊號，這時候以 5 倍高槓桿融資買進平均股價 37.5 元的股票。

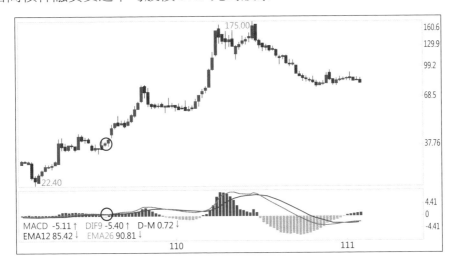

然後以 MACD 指標中的 DIF 值由高檔下彎視為賣出訊號，於 109/11/02 當天 DIF 值下彎時賣出持股，平均價位為 78 元附近，此次獲利約為 2 倍。所以統計獲利為 150 萬元 × 5 倍 = 750 萬元，然後再以 750 萬 × 2 倍 = 1 仟 500 萬元，扣去貸款、利息及手續費後，實際資金為 850 萬元。

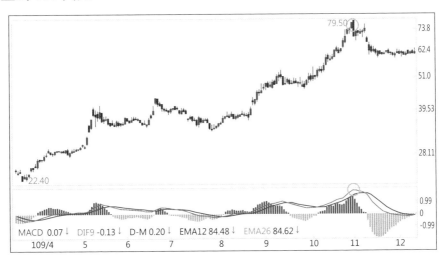

第三次買入點由平均線觀察，於 110/02/22 發現均線糾結後，一根長紅棒帶量突破視為買進訊號，然後因為均線還未呈現整體的多頭排列，所以等待時機到 110/03/04，整體均線呈現多頭排列後，一根紅棒突破均線為買入點。以 2.5 倍低槓桿融資買入平均價格為 65 元附近。

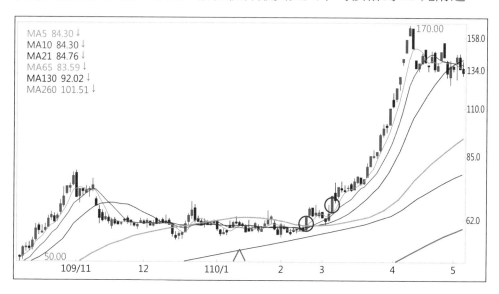

之後再以六合神功的 KD 指標祕笈中，當 K 值到達高點後反轉為賣出訊號，如跌破 D 值更需要賣出。所以在 110/04/12 時 K 值已反轉，然後隔日 110/04/13 時 K 值跌破 D 值，因這兩個指標出脫持股，賣出平均價位為 156 元附近。此波段獲利為 2.4 倍，總資金來到 850 萬元×2.5 倍＝2,125 萬元，然後 2,125 萬元×2.4 倍獲利＝5,100 萬元，然後扣掉貸款、利息及手續費後約 3,700 萬元。總獲利約為 37 倍。

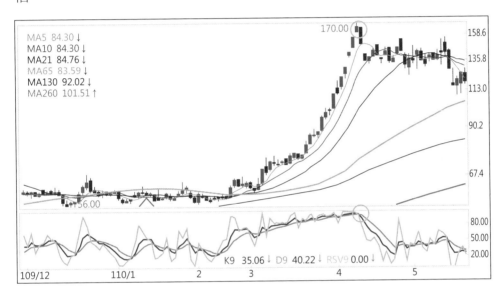

‧ 3035 智原（第三式、第六式、第七式）

　　於 110/04/07 日 DMI 指標中的 ADX 同日突破 ADXR 及－DI，所以可以視為此波段的最後買點，因為資金還在南帝操作，故先將此股列入飆馬股名單。於幾日後均線多頭排列，出現長紅棒（110/04/15）為買入訊號。買入價格約在 57 元附近。

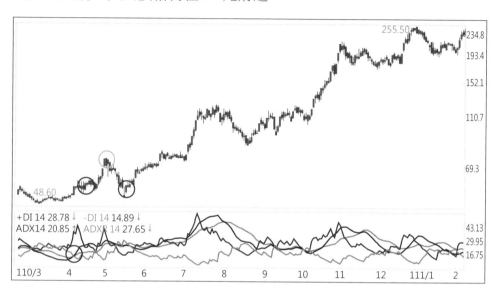

而後因為疫情的關係產生恐慌下跌，但是因為買入成本較低，先將持股慢慢出掉換回現金。依據六合神功的理論，DMI 最後買點的最低點（53.4 元）可以視為支撐。於 110/05/17 時，KD 指標中的 K 值來到最低點，然後開始反轉向上，可視為六合神功的一飛沖天型，在 110/05/25 時，突破 13 日均線，將手中的現金轉成 5 倍高槓桿融資買入。買入平均價位約在 64 元附近。

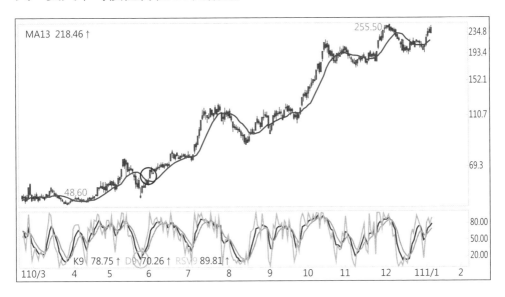

　賣出點分析，由週線來觀察，依據六合神功的型態學理論，用 109/01/31 跳空跌破的最高點連接 110/01/29 的最高點視為頸線。然後量測漲幅約為 1.9 倍，再用突破頸線的那點（61 元）為基準乘上 1.9 倍，61 元×1.9 倍＝ 115.9 元，所以預測這一波高點為 115.9 元附近。等股價漲到 115.9 元附近，分批賣出持股。獲利約為 1.8 倍。總金額計 3 億 3,000 萬元。（3,700 萬元×5 倍＝ 1 億 8 仟 500 萬元，再以 1 億 8 仟 500 萬元×1.8 倍獲利＝約 3 億 3,000 萬元）扣去貸款、利息跟手續費後約為 1 億 7 仟萬。

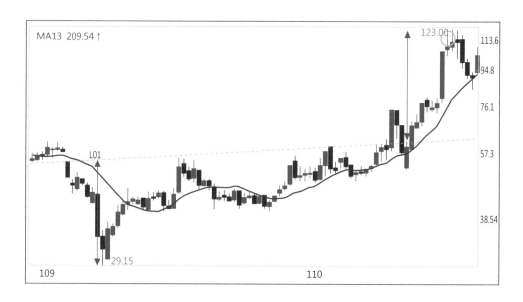

　　於 110/08/17 時，再次出現 KD 指標的反曲點，等待 K 線突破 13 日均線後買進。此時用 2.5 倍低槓桿融資，將操作資金增加至 4 億 2 仟萬元，然後於突破後幾天分批買入，平均成交價格在 97 元附近。

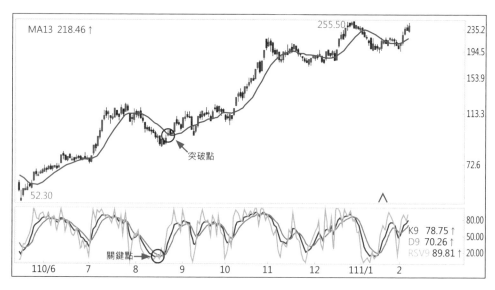

依週線的形態學觀察，此股這波段的高點預測約在 240 元附近。當股價漲至 235 元附近後，開始分批賣出，總獲利約為 2.4 倍。總金額達到 4 億 2 仟萬元 ×2.4 倍＝ 10 億元，然後扣掉貸款、利息及手續費後，總金額達到 7 億元。

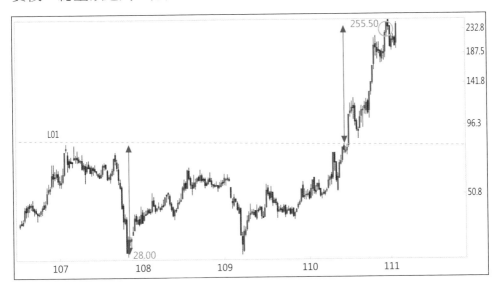

　　總投資獲利約為 700 倍。

第七例

·2417 圓剛（第六式、第三式）

　　以日線的 KD 指標分析買入點，於 109/03/19 時 K 值到達最低，13
日均線快速下彎找到反曲點，然後依六合神功的一飛沖天祕笈，於 K
線突破 13 日均線可以買進，但是因六合神功祕笈中提到的不投資 10
元以下的股票，所以繼續等待下一個買入點，於 109/04/07 時，出現跳
空缺口，然後股價正式突破 10 元大關，所以開始買進股票，此次操作
資金為 100 萬元，分批買入此股。平均買入價位在 11.3 元附近。

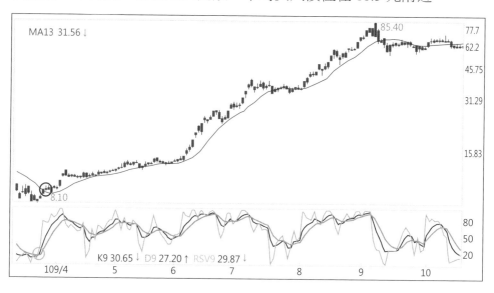

依 MACD 找賣出點，於 109/09/07 時，DIF 值從最高點下彎為賣出點，平均賣出價格為 80 元，此次操作獲利約為 7 倍。

・3481 群創（第七式）

　　從週線來看，於 109/08/28 發現當週的週 K 線以長紅棒突破近 3 年來的下降趨勢線，可視為買進訊號，但資金目前還在圓剛且股價還沒有破 10 元，所以先列入名單當中。

　　持續觀察至 109/12/01，此股以一條長紅棒突破近 1 年半以來的頸線且股價已站上 10 元以上，所以在此時買入股票。買入平均價位為 10.5 元。

　　依六合神功形態學預測漲幅，推估這一波段漲幅會到 22.7 元。所以預計在此處出脫持股，但是到那時發現因漲勢還在持續推升，所以使用波浪理論計算，推估還有一段漲幅，在這次操作依據漲勢再加上黃金切割率 1.382、1.5、1.618 計算，推估第二次出現的賣點為 22.7 元×1.382＝約 31.7 元。然後再觀察走勢，於 110/04/29 時，出現長黑棒吞噬上日 K 線為賣出訊號，於當天賣出持股約為 30 元。

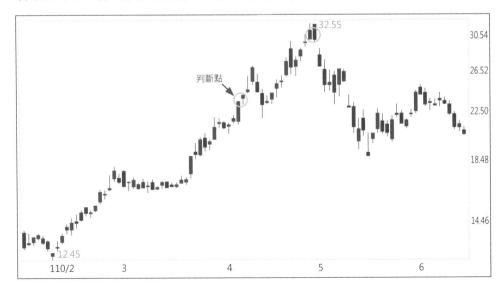

• 3141 晶宏（第七式、第八式）

　　依 110/03/17 當天低點 62.6 元及 110/04/14 低點 64 元連接一條頸線。然後取 110/04/08 最高點 86.2 元到頸線位置的幅度預測跌幅。所以取 110/05/03 跌破頸線為基準乘以跌幅，得到預測低點約為 48.5 元。以現股分批買進，平均買入價格為 52 元。

依週線畫角度線預測漲幅，連接 108/03/29 那週高點及 109/03/20 那週低點。使角度線為 45 度角，然後再以 108/03/29 時的高點，再畫出一條右上 45 度角的角度線。為預測第一波漲幅約 155 元。

　　觀察走勢後，再以平行水平面的點，畫出另一條 60 度線，此為預測的第二波的高點 265 元，平均賣出價位在 260 元附近。

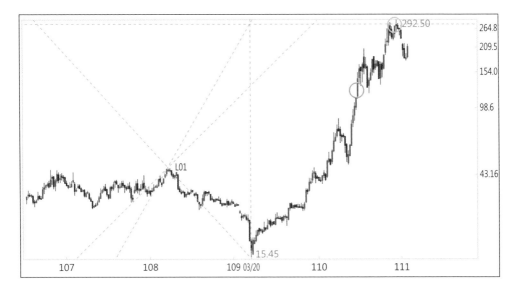

第八例

・4171 瑞基（第九式、第四式）

　　瑞基從低點上漲一波到 103 元後，在 109 年 3 月因為疫情關係股價急速下殺。但瑞基的股價沒有跌破支撐（第 4 波低點）56.2 元，待股價突破整理區的下降趨勢線，積極的買進股票，平均價位為 73 元。當時以 30 萬元本金，利用 5 倍高槓桿的方式操作，操作金額為 150 萬元。

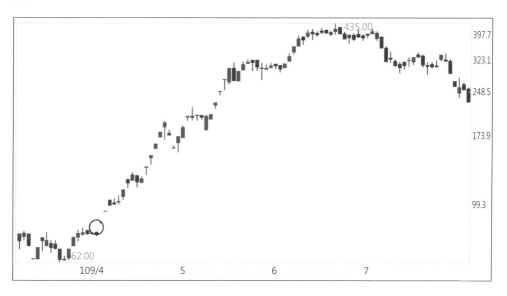

依照 MACD 理論，當股價一波峰比一波峰高，但 Bar 值一波峰比一波峰低時，產生負背離現象，而第二次負背離的情況產生後，顯示股價即將要反轉大跌，所以在 Bar 值往下彎時賣出持股，賣出價位為 405 元上下。

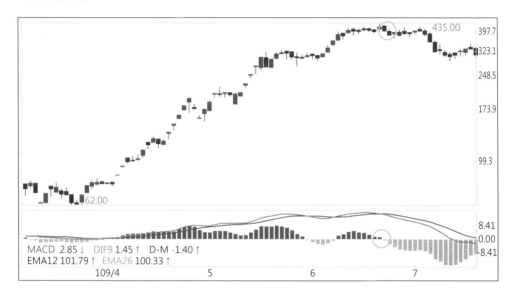

　　由買入點 73 元至獲利點 405 元上下，計算獲利約為 5.5 倍，所以操作基金由 150 萬元 × 5.5 倍＝ 825 萬元，扣除貸款、利息及手續費後，本金成長至 675 萬元。

・3666 光耀（第五式、第二式）

　　首先以光耀的日線圖來說明。光耀單純是運用 MACD 尋找一根黑柱狀體的方法來操作。DIF 線－MACD 線＝柱狀體 OSC，當 OSC 前面都是紅色之後，接著出現 1～3 根黑棒又翻紅的時候，為一個買進訊號。因此在 109/07/22 的時候買進，買進價格約落在 16.5 元附近。此時資金有 675 萬元，使用現有資金操作。

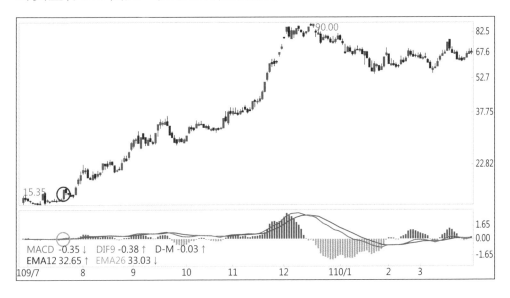

由於 MACD 相較於其他技術指標來說，比較適合偏向中長線的方式來操作。因此把日線圖改為週線圖來觀察，搭配著波浪理論一起來運用。買進的時機點位在第三波浪的起始點附近，因此等待至第五波浪都走完的時候再賣出即可。最後我們在 109/12/22 當週看到 MACD 的柱狀體開始縮腳的時候賣出，價格約在 82.5～85 元附近，獲利約 5 倍。

以 675 萬元的資金計算，獲利 3,375 萬元（675 萬元 × 5 ）。

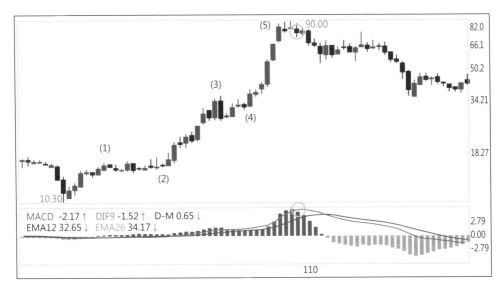

・4961 天鈺（第五式、第二式）

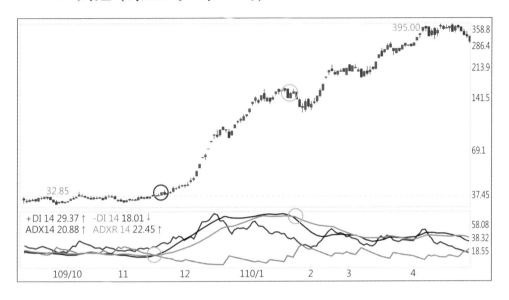

這支股票在 109/11/18 由 DMI 技術指標發現其最後買點，但是因為當時的資金還在光耀操作，所以先將此股列為飆馬股觀察名單。待 109 年 12 月初，將光耀分批出脫持股，再進入天鈺買進持股，買入價格平均為 48.5 元附近。

於 110/01/08 開始陸續分批賣出持股至 110/01/15，平均價格賣在 150 元附近。此次賣出的時機是由六合神功中所提到的 DMI 賣出祕笈，當 ADX 往上突破 70 後，容易出現反轉訊號，所以在 110/01/08 出現長黑棒時，開始啟動賣出機制，將手中持股分批賣出。

這次將資金 3,375 萬元以 5 倍的高槓桿融資操作，此時操作資金為 1 億 6 仟 800 萬元。此波段的交易獲利約 3 倍。總資金成長為 1 億 6 仟 800 萬元 ×3 倍＝約 5 億萬元，然後扣去貸款、利息及手續費後，本金大約 3 億 5 仟萬元。

依六合神功中的波浪理論分析，天鈺尚有末升段的行情，所以利用第 4 波回檔到 125 元附近，再次用現股買進。

395.00

359.2

287.6

216.1

144.5

72.9

37.10

MACD -11.95↑　DIF9 -10.65↑　D-M 1.30↑　EMA12 220.00↓　EMA26 230.65↓

7.94
0.00
-7.94

109/12　　　110/1　　　2　　　3　　　4　　　5

　　天鈺股價自 110/01/27 從波浪理論第四波的低點 117.5 元開始上漲，末升段的部分，是以複雜波的方式上漲，所以漲到五－5 波後，當 DIF 值在 110/04/22 時跌破 MACD 後，出現賣出訊號，此時的賣出價位為 350 元附近。此次獲利約為 2.9 倍，本金成長至 3 億 5 仟萬元 × 2.9 倍 ＝約 10 億元。

・2603 長榮、2609 陽明（第六式）

因為後期的資金太過龐大，所以需要尋找多個類似的飆馬股作分散投資。在 110 年 2 月初時便透過 KD 指標找到長榮及陽明兩個標的，然後放在飆馬股的觀察名單中。於 110/04/22 當天鈺的持股賣出後，準備買進這兩支航運股。

先建立基本持股，價位陽明約在 65 元附近、長榮約在 75 元附近。經過分析，當時的股價正在走主升段的末升段，所以先休息等待第四波回檔，然後再加碼買進。之後於 110/05/19 時出現跳空，開始加碼買進。總買入價位陽明約在 70 元附近、長榮約在 75 元附近。

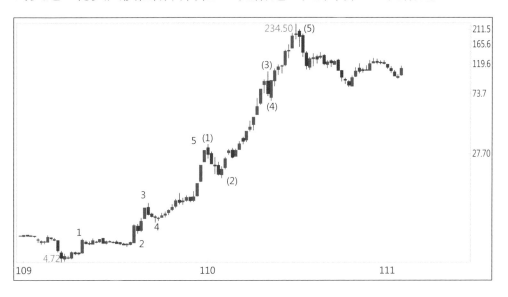

然後直接漲至末升段的賣出訊號出現，長榮股價約為 225 元，陽明股價約為 220 元，獲利大約為 3 倍。所以以現股買入買出後，資產從 10 億元增加至約 30 億元。此次整體操作獲利約為 1 萬倍。

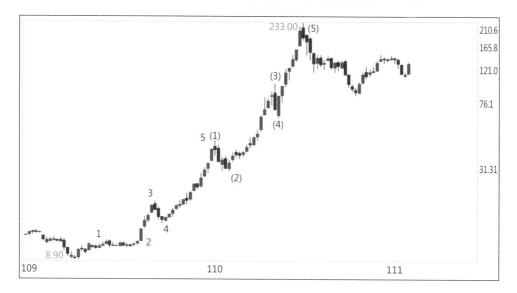

第九例

・2330 台積電（第十式）

依六合神功，在 109 年 3 月中旬，大盤指數急跌到平行軌道線，這時可以在人棄我取時大膽的承接績優股。

買入平均價位為 255 元，以低槓桿融資，操作資金為 650 萬元。

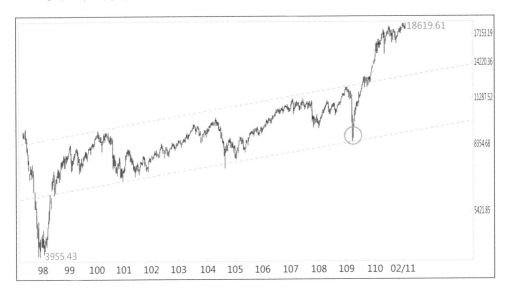

由月線的形態學預測漲幅，連接 89 年 8 月的高點 140.5 元及 104 年 3 月的高點 155 元，形成一條頸線，然後計算此段最低點到頸線的漲幅，等待頸線被 K 線突破後，預測下一波最小漲幅可以達到 650 元，所以等待股價漲至 650 元附近賣出持股。於 110/01/20 賣出持股，獲利約為 2.5 倍。

・3141 晶宏（第一式、第八式）

　　以週線的型態學尋找突破買進點。買進點為 110/02/18 當日突破 47.2 後，分批買進，然後於隔日用剩餘資金再買入，買入平均價位 48.5 元。

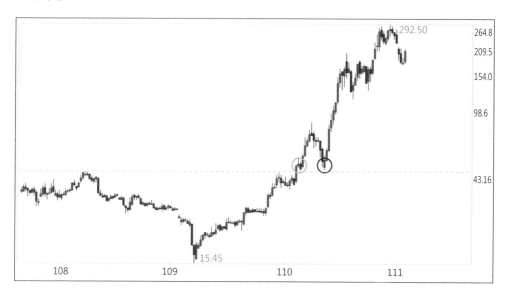

依週線畫角度線預測漲幅，連接 108/03/29 那週高點及 109/03/20 的低點。使角度線呈現 45 度角，然後再連結 108/03/29 時的高點。再畫出一條與原本 45 度角線段垂直 90 度的線。以預測的第一波漲幅。此漲幅約達到 155 元。觀察走勢後，再以平行水平面的點畫出另一條依水平面為主的 60 度線，為第二波的高點。此時預測第二波高點為 265 元。

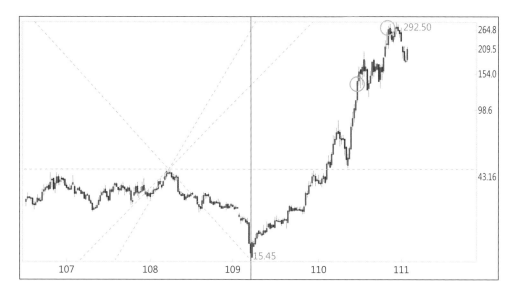

第十例

・8454 富邦媒（第一式、第七式）

　　從富邦媒的月線看，連接 107/02 的最高點與 108/12 的最高點，得大約於 295 元附近的頸線。等到 109/03 時，剛好因為疫情跌到最低點，碰觸到這條頸線，於 295 元附近開始買進，平均成交價 310 元附近。此本金的 100 萬用 5 倍高槓桿操作。

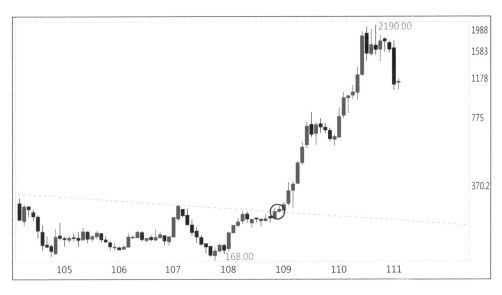

以 MACD ＋波浪理論尋找賣出點，於 109/07/09 時，DIF 開始下彎，視為賣出訊號，就持股分批賣出，於 109/07/14 時 Bar 值轉負，需要快速出脫持股，平均賣出價位在 775 元附近，獲利約為 3.5 倍。

　　此段操作結算 100 萬元×5 倍高槓桿＝ 500 萬元，500 萬元×2.5 倍獲利＝ 1,250 萬元，扣除貸款、利息及手續費後，手中本金為 800 萬元，此波段操作獲利約為 8 倍。

　　由週線的觀察，依據六合神功的波浪理論 ABC 波回檔尋找低點。依據 A 波的低點為 579 元，然後推算此次低點為 536 元附近。但是因為 C 波沒有跌破 A 波低點，所以等待 C 波整理的下降趨勢線被突破後的最佳買點作買進，平均購入價格為 660 元附近。

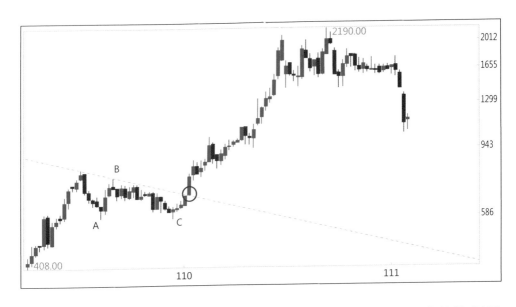

　　依六合神功形態學的旗型整理預測此波段高點，由上波的旗桿長度來推測此波段的漲幅來到 2,000 元附近。所以在波段高點分批賣出，平均賣出價為 2,000 元，此波段獲利約為 3 倍。

　　整體操作獲利約為 24 倍。

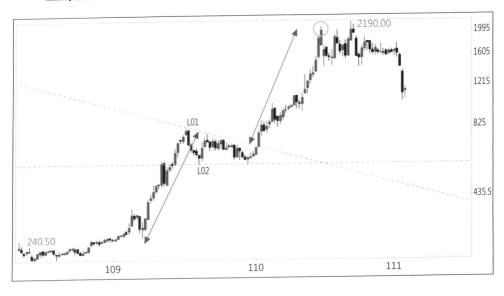

·3552 同致（第一式）

依波浪理論計算第一波跟第五波同等幅，會跌到 25 元附近。

上市後起漲的月 K 線中長紅的低點為 24.4 元。

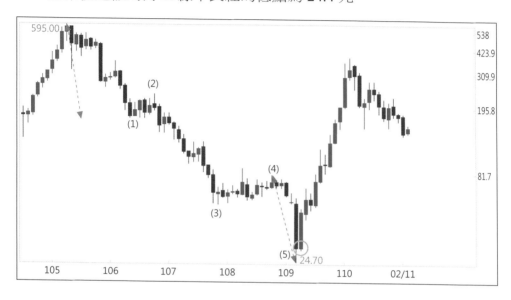

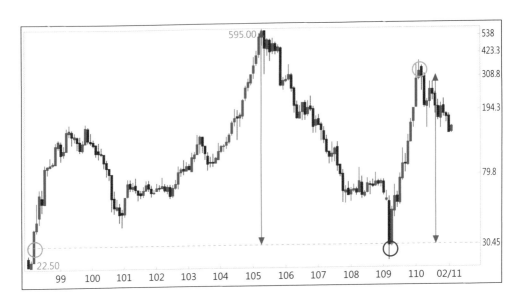

依月線圖在 105 年 4 月最高 595，到 106 年 5 月最低點 172.5，為第一波下跌。106 年 10 月最高 236.5 到 107 年 10 月最低點 54.7 為第三波下跌，108 年 04 月最高點 87.7 到 109/03 月最低點 24.7 元，所以買入點約在 25 元附近。

賣出點依六合神功波浪理論之反彈祕笈，強勢反彈要反彈到整個下跌幅度的 0.618 倍。由月線圖觀察，於 105 年 04 月的最高點 595 元，跌到 109/03 的最低點 24.7 元。然後計算出反彈的高點為 377 元附近。所以於 370 元逐步分批出脫持股，平均賣出價位為 375 元，整體獲利約為 15 倍。

・9945 潤泰新（第九式）

由波段的下降趨勢線觀察，於 110/02/17 出現跳空缺口突破趨勢線。以現股陸續買入，平均買入價為 40.2 元。

然後繼續抱股，等待賣出訊號。

於 110/06/24 時，DMI 指標出現 ADX 同日突破 ADXR 及 −DI，為最後買進訊號，於此時將現股換融資操作，於 110/06/28 時，以 2.5 倍低槓桿融資在 55 至 56 元附近買入，然後於 56.5 至 57.5 元附近將現股賣出。此小波段操作獲利約為 1.4 倍。

依六合神功的波浪理論推測第一波高點，由第一波的高（54.8 元）低（38.5 元）漲幅計算，可以推測出第五波的高點在 84 元附近。然後再使用六合神功的多空指標乖離祕笈，於乖離值最高點反轉的第四天出現最高點為賣出訊號。賣出均價為 84 元附近，此次獲利約為 2 倍。

統計同致及潤泰新的操作獲利，獲利約為 40 倍。

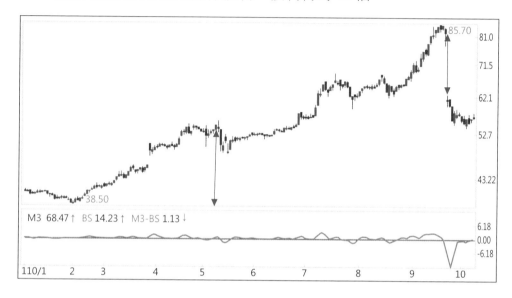

・3218 大學光（第九式及趨勢線）

　　利用六合神功缺口理論尋找買入點。由週線觀察，於 108/08/30 至 108/09/06 那兩週產生的缺口。當股價產生急殺時，可能會順勢回補缺口，所以先等待行情。至 109/03/19 跌至 48.35 元時，回補缺口，這時準備資金等待時機進場。於 109/03/24 時，出現往上跳空訊號為買入訊號，分批以現股買進持股，平均買入價格為 55 元。

由六合神功的趨勢線理論來判定賣出點，依 109/03/19 的最低點為基準點往上畫趨勢線。根據每日的 K 線確認是否跌破趨勢線，如有跌破，表示漲勢趨弱。這時再依據 K 線走勢畫出第二條趨勢線。如 K 線持續在向上趨勢線上方行走，股價會持續被推升。如果跌破，表示股價又再次走弱。此時依 K 線走勢再畫出第三條趨勢線，如果第三條趨勢線也被跌破，表示趨勢轉弱，直接賣出持股。於 109/11/30 陸續賣出持股，賣出平均價為 290 元，獲利約為 5 倍。

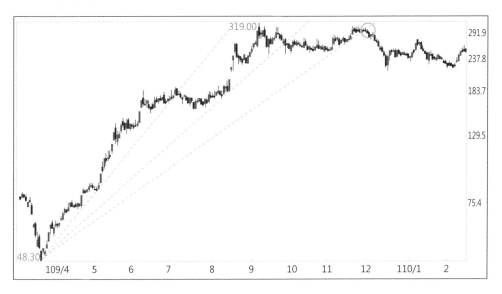

·3006 晶豪科（第一式）

　　依週線畫出下降趨勢線，於 109/11/20 那週出現突破趨勢線的長紅棒。且由日線觀察，109/11/20 當天出現跳空上漲的長紅棒，但因資金還在大學光操作，所以將此股列入觀察名單。於 109/11/30 後，大學光跌破趨勢線後，陸續將資金轉移至晶豪科，買入平均價格 55 元附近。

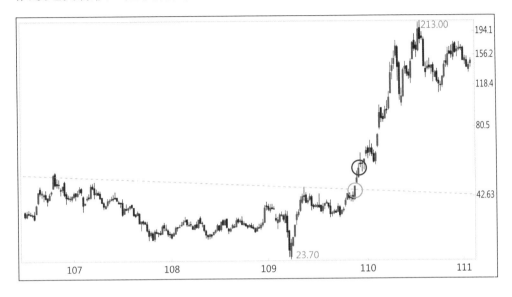

依六合神功的波浪理論，推測末升段的漲幅，漲幅與初升段接近，所以由 110/05/21 那週的低點乘上第一波的漲幅，得到預測的高點為 195 元附近。於 195 元附近陸續出脫持股，平均賣出價位為 200元。

此次波段獲利約為 3.6 倍，整體操作獲利為 18 倍。

第十三例

‧3037 欣興（第一式、第五式）

依波浪理論推測買入點。從 107/12/02 那週最低點為第一波的起漲點，然後在 108/11/15 那週走完第一波的前五小波，然後開始回檔 ABC 波。在這時依波浪理論預測，ABC 波會回到第四小波的低點附近。所以在 108/05/31 那週出現的第四小波最低點的價格 26.9 元為買入訊號，於 109/03/20 那週出現買入訊號時，用本金 100 萬元分批以 5 倍高槓桿買入平均價格 25 元。

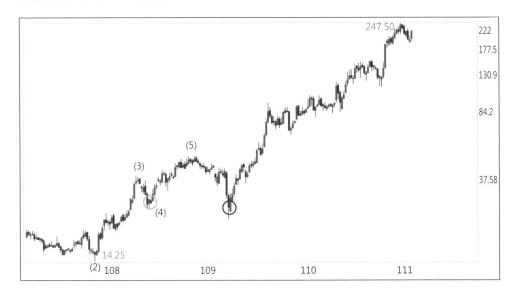

由六合神功中的週線型態學來預測高點，第一次的波段使用頭肩底型態，連結 109/01/17 那週高點及 109/05/15 那週高點，然後取最低點到頸線的漲幅，得到結果後，再以頸線位置預測漲幅，得到這個波段的漲幅最高點約為 90 元附近，所以在 90 元附近先出脫一次持股。

此次獲利約為 3.5 倍。總金額來到 100 萬元 ×5 倍槓桿＝ 500 萬元，500 萬元 ×3.5 倍獲利＝ 1,750 萬元，然後扣掉貸款、利息及手續費後，總資金約 1,300 萬元。

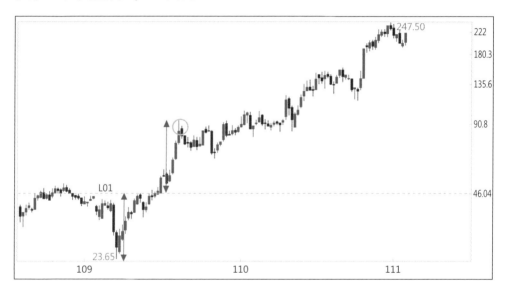

下一次的買進訊號使用六合神功的波浪理論預測高點後的 ABC 波回檔，由 A 波的跌幅預測 C 波的跌幅。所以計算之後得到最低的買入點約在 65 元附近，於 109/11/02 達到此價位前，開始用 2.5 倍低槓桿買入，最後買入均價為 67 元附近。

　　由六合神功中提到的 KD 指標祕笈，於 K 值漲到高點後，後面兩次高點沒有突破新高，且產生背離為賣出時機，所以於 110/12/27 時 K 值達到第二次背離，賣出持股，平均賣出價位於 240 元附近。

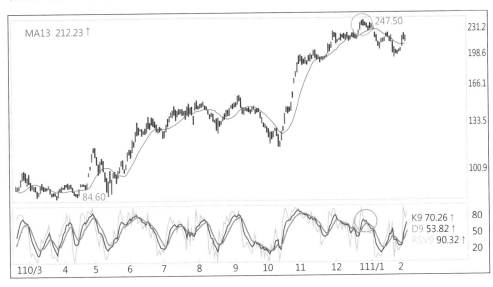

　　獲利約為 3.5 倍，最後資金來到 3,250 萬元（1,300 萬元×2.5 倍槓桿），然後 3,250 萬元×3.5 倍獲利＝11,375 萬元，扣除貸款、利息及手續費後，總金額為 9,000 萬元，總體獲利 90 倍。

第十四例

・2454 聯發科（第十式、第一式）

依六合神功，在 109 年 3 月中旬，大盤指數急跌到平行軌道線，這時可以在人棄我取時大膽的承接績優股。

在此股急殺時，依弱勢回檔等，跌幅跌到第一波漲幅的三分之二，價格約 287 元附近開始承接。平均買入價為 290 元。

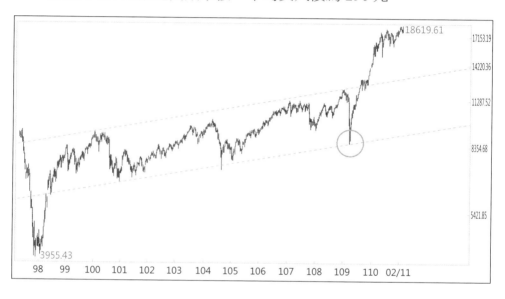

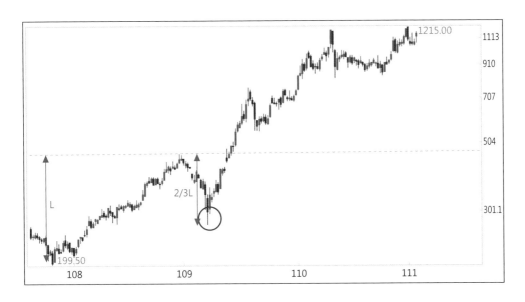

　　由日線的形態學分析，於此波段根據六合神功的缺口理論推測其高點，計算其波段漲幅，找到突破缺口前一天的最高點 314 元。然後再找到中途缺口當天的最低點 479.5 元，算出來漲幅約為 1.5 倍。然後用形態學 V 型反轉的最高點，找出中途缺口。再使用中途缺口前一天的最高點 470 元，計算後得出預估的高點為 720 元。此次獲利約為 2.5 倍。

·3545 敦泰（第七式）

　　依六合神功的形態學分析，在此股發現圓形底，所以用圓形底的理論尋找買入及賣出點。連接 106/09/08 那週高點及 109/07/24 那週高點形成的頸線，然後於突破頸線的時間點（110/10/27）分批買入，平均買入價位為 50 元。

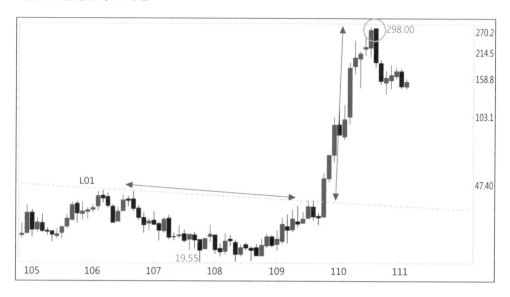

　　依六合神功形態學的圓形底理論預測漲幅，因週線的線圖太密無法辨識，所以使用月線圖表示。當圓弧之間的直徑有多長，漲幅就有多高，所以預測賣出點約在 285 元附近。於 285 元附近分批賣出持股時，此次獲利約為 5.5 倍。

　　總體投資獲利約為 14 倍。

‧3305 昇貿（第二式、第六式，搭配波浪理論）

　　依六合神功中關鍵 K 線理論，出現一根中長紅的 K 線確認底部型態完成，以這根中長紅棒的 K 線一半為支撐，大膽買進 All－in，於 109/09/25 碰觸支撐，待 KD 指標中的 K 值突破 D 值時買進，以 100 萬元資金分批買進，平均價格為 24.5 元。

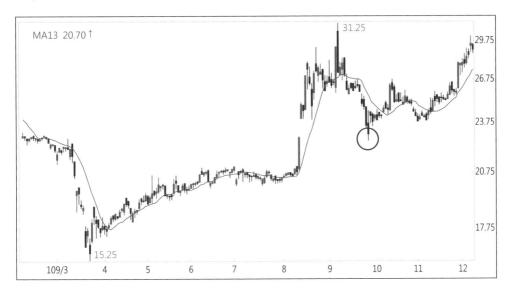

以波浪理論計算，來到末升段漲幅滿足點。產生竭盡缺口後，且日 K 線形成烏雲罩頂，做賣出動作。由第一波高點 31.45 元除以第一波的低點 22.6 得到其漲幅，然後將其漲幅乘上第五波的低點，得到高點約為 52 元附近。平均賣出價格為 52 元，此段操作獲利約為 2 倍。

第二次買入訊號為依據六合神功的一飛沖天 KD 理論，在 K 值達到波段低點，13 日均線下彎，待 K 值突破 D 值買進。於 110/05/19 時突破，用 2.5 倍低槓桿融資分批買進，平均買入價格為 40 元。

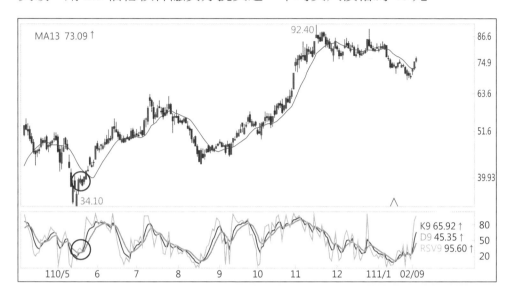

依波浪理論上漲至末升段，以六合神功 MACD 指標中的 DIF 跌破
MACD，Bar 值轉負，做清倉動作賣出，賣出均價為 83 元，此段操作
獲利約為 2 倍。實際獲利為 1,000 萬元。（200 萬元 ×2.5 倍槓桿＝ 500
萬元，500 萬元 × 2 倍獲利＝ 1,000 萬元）。在扣除貸款、利息及手續
費後，最後統計總資金為 650 萬元，總獲利為 6.5 倍。

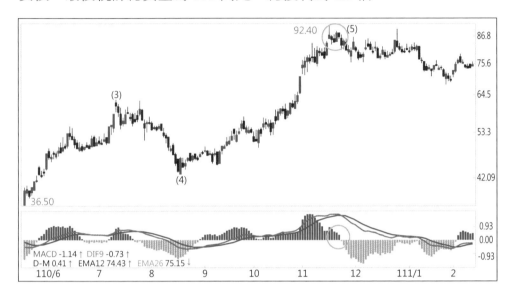

　　昇貿整體操作獲利約為 13 倍。

第十六例

・6533 晶心科（第一式進階運用）

高檔震盪整理時放空的技巧及正反手轉換操作。

依波浪理論，此股漲完三大段，用第一波漲幅計算第五段漲幅預測高點，然後使用多空指標，乖離高點轉折的第四天尋找最高點，於最高點作放空動作。

並且於上一波波浪的第 5–2 波低點回補，然後再加碼買進，到上次高點附近分批賣出並再執行放空操作。

連接 109/12/30 出現缺口的最高點及上一波的最低點的連線得到一條支撐線，當股價回跌至觸及此線後回補融券部位，並執行買進操作。等待這波漲幅達到上一波高點附近，執行賣出操作，並翻手放空，於上一波的跳空缺口回補。

台灣廣廈 國際出版集團
Taiwan Mansion International Group

國家圖書館出版品預行編目（CIP）資料

最強股市技術分析實戰：2020年至2021年間，賺了10倍的那些
人／趙元廷、趙洛毅、蔡淑麗、陳昭綸、何育廣 著，
-- 初版. -- 新北市：財經傳訊, 2022.06
　　面；　　公分. --（view;54）
ISBN 9786269582914（平裝）
1.投票投資 2.投資技術 3.投資分析

563.53　　　　　　　　　　　　　　　　111003112

財經傳訊
TIME & MONEY

最強股市技術分析實戰：
2020年至2021年間，賺了10倍的那些人

作　　　者／趙元廷、趙洛毅、　　編輯中心／第五編輯室
　　　　　　　蔡淑麗、陳昭綸、　　編 輯 長／方宗廉
　　　　　　　何育廣　　　　　　　封面設計／張天薪
　　　　　　　　　　　　　　　　　製版‧印刷‧裝訂／東豪‧弼聖‧秉成

行企研發中心總監／陳冠蒨　　　　　線上學習中心總監／陳冠蒨
媒體公關組／陳柔彣　　　　　　　　產品企劃組／黃雅鈴
綜合業務組／何欣穎

發 行 人／江媛珍
法律顧問／第一國際法律事務所 余淑杏律師‧北辰著作權事務所 蕭雄淋律師
出　　版／台灣廣廈有聲圖書有限公司
　　　　　　地址：新北市 235 中和區中山路二段 359 巷 7 號 2 樓
　　　　　　電話：（886）2-2225-5777‧傳真：（886）2-2225-8052

代理印務‧全球總經銷／知遠文化事業有限公司
　　　　　　　　　　　地址：新北市 222 深坑區北深路三段 155 巷 25 號 5 樓
　　　　　　　　　　　電話：（886）2-2664-8800‧傳真：（886）2-2664-8801
郵 政 劃 撥／劃撥帳號：18836722
　　　　　　　劃撥戶名：知遠文化事業有限公司（※ 單次購書金額未達 500 元，請另付 60 元郵資。）

■ 出版日期：2022 年 6 月
ISBN：9786269582914　　　　　　版權所有，未經同意不得重製、轉載、翻印。

【飆碼技術學堂授課資訊】

六合神功震天下，股林秘笈在延傳
看法獨到眾人稱，漲跌明判有技巧

　　股市中千金難買早知道，只有早知道才能在股市賺大錢，透過學習才能早知道股市的脈動，賺取巨富！歡迎投資者報名參加飆碼技術學堂課程，成為股市的常勝軍！

飆碼技術學堂相關課程：

一、初級班：建立股市操作原則、K線原理、均線原理、型態種類、技術指標（RSI、KD、MACD、DMI……等）、基本操作、趨勢線原理……。

二、中級班：加強股市操作原則、反彈與回檔、乖離率、CDP逆勢操作系統、OX圖、新三價線、寶塔線、短線操作祕笈……。

三、高級班：技術指標（KDJ、RSV、ADL、OSC、MTM、AR、BR、CR……等）、各項指標瓶頸突破的技巧及祕笈、操作心法（不賠錢祕笈）……。

四、實戰班：逆時鐘曲線、一飛沖天型飆馬股的反曲點、布林通道原理、3減6日乖離操作、選飆馬股技巧、四線進出指標、天地線……。

五、操盤手班：角度線原理、能量解消法、甘視角度線、臨界轉折、反市場操作的應用、主力操盤的心法及秘笈、資金規劃……。

報名專線：0938-382-892、0931-632-526、0908-371-681

電子郵件：STWliuhe@Gmail.com